Knaus
K

Elsbeth Weichmann

ZUFLUCHT

Jahre des Exils

Mit einem Vorwort von
Siegfried Lenz

Albrecht Knaus

Gesetzt aus Korpus Bembo Linotron
Schutzumschlag: Martin Andersch
Satz: Alfred Utesch GmbH, Hamburg
Druck und Bindung: Mohndruck, Gütersloh
Printed in Germany
ISBN 3-8135-0036-5

»Ich lebe mein Leben in wachsenden Ringen,
welche sich über die Dinge ziehen.
Ich werde den letzten vielleicht nicht vollbringen,
aber versuchen will ich ihn.«

Rainer Maria Rilke

Unseren Freunden, die mit uns die Jahre des Exils in wachsenden Ringen erlebt haben, in dankbarer Erinnerung gewidmet.

Inhalt

Vorwort

Nach vorsichtigen Schätzungen gibt es heute fünfzehn Millionen Flüchtlinge auf der Welt – mehr als jemals zuvor in der Geschichte der Menschheit. Die Hoffnungen, die wir am Ende des letzten Weltkrieges hatten, blieben unerfüllt: die Leiden der Vertriebenen und Verbannten haben nicht aufgehört, täglich fliehen Menschen über rettende Grenzen, die Lektionen der Geschichte hinterließen offenbar keine Wirkung. Gleichmütig ist die Zeit über die Erfahrungen der Opfer hinweggegangen, über ihr Elend, ihre Not, ihr unfaßbares Überlebenskunststück; was wir endgültig überwunden glaubten – eine Epoche nationalistischer Delirien, arroganten Rassenwahns und ideologischer Tobsucht –, bedrohte nach einer kurzen Zeit der Schreckstarre in dieser oder jener Form wieder den einzelnen und ganze Völker- und Glaubensgruppen. Mit der Welt allabendlich verbunden, hören wir von den Flüchtlingen aus politischer Überzeugung, von Emigranten aus religiöser oder wirtschaftlicher Not, von Verfolgten überall, die nichts zu retten versuchen als das nackte Leben. Sie tappen durch feuchte Dschungel, überqueren weglose Gebirge, in argloser Kühnheit vertrauen sie sich der Einöde der Meere, schwingen sich über elektrisch geladene Zäune – getrieben von elementaren Bedürfnissen nach Sicherheit und neuem Leben.

Wir sind Zeitgenossen einer gewaltigen Bruderschaft

der Verbannten und Geflohenen und müssen erfahren, daß unser Mitleid und unsere Entrüstung kaum ausreichen, um ihr Los zu erleichtern, um ihre Zahl zu verringern. Der Flüchtling, der aus irgendeinem Grund sein Land verlassen mußte, ist uns zu einer furchtbar vertrauten Erscheinung geworden – so vertraut, daß eine Art von Gewöhnung entstehen konnte, die Anteilnahme kaum noch zuläßt. Fast scheint es so, als habe sich eine notorisch interesselose Geschichte mit dem Bild des fliehenden Menschen abgefunden, der, von Angst und Hoffnung erfüllt, durch die Welt irrt auf der Suche nach befristeter Zuflucht.

Vielleicht trifft es zu, daß unsere Anteilnahme vor der großen Zahl versagt: was nur noch in geschwollenen Statistiken erfaßt werden kann – Statistiken bluten nicht, sagt Koestler –, ruft uns nicht wach und läßt keine Nähe aufkommen. Wir können unser Mitleid nicht millionenfach teilen, können allenfalls ein allgemeines Bedauern empfinden für eine unglückliche Weltgemeinschaft. Erst im Einzelschicksal erkennen wir uns wieder: es nötigt zu Vergleich und Abstimmung, es bringt uns die Leiden nahe und macht die Sehnsucht verständlich, es macht auf seine Art die Epoche kenntlich. Im Einzelschicksal des Flüchtlings liegt der authentische Kommentar zur Zeit.

Das geht aus Elsbeth Weichmanns Bericht über ihre »Jahre des Exils« wie selbstverständlich hervor: die Erfahrungen des einzelnen, seine Demütigungen und seine Wünsche geben uns Aufschluß über den jeweiligen Zustand der Welt.

Wer in seinen Spuren liest, bekommt eine Ahnung davon, welch ein Geist und Ungeist die Zeit beherrschen, er ermißt, was Menschen dem Menschen auferlegen, und schließlich erfährt er, was es heißt, ein Exil auszuhalten, Bewohner einer Zwischenwelt zu sein. Sobald der einzelne zum einzelnen spricht wie hier, fühlen wir uns zur Selbstversetzung angehalten, wir werden unwillkürlich zu Begleitern. Was millionenfaches Schicksal schwerlich hervorruft – einfach wohl deshalb, weil es unsere Vorstellungskraft übersteigt –, das ergibt sich wie von selbst aus dem Schicksal des einzelnen: Mitbetroffenheit. Auf einmal spüren wir, daß Flucht eine Grunderfahrung im Erlebnishaushalt des Zeitgenossen ist und darum jedermann angeht.

Elsbeth Weichmann, die Frau des früheren Hamburger Bürgermeisters Herbert Weichmann, hat ihren Bericht aus der Erinnerung geschrieben. Erinnern: das kann eine bestimmte Art sein, etwas zu vergegenwärtigen, etwas wiederzubeleben oder zu bewahren. Aber auch das kann Erinnerung sein: ein Versuch, gemachte Erfahrung zu überprüfen und aus erduldeter Erlebnisfülle übergreifende Schlußfolgerungen zu ziehen. Frau Weichmann geht diesen Weg; sie berichtet nicht allein, was den einzelnen im Niemandsland des Exils erwartet, sondern zeigt, welch eine exemplarische Lehre aus ganz bestimmten Ereignissen und Entdeckungen zu gewinnen ist. Zur Schilderung kommt das Fazit: ein unerschrockenes Bewußtsein analysiert die Selbsterfahrungen in extremer Lage und gelangt zu Einsichten, die für das Exil schlechthin gelten. Was aber sind das für Einsichten?

Am Anfang, so bekennt die Autorin, steht die Angst, die Angst davor, abzuspringen und alle gewohnten Bindungen zu zerreißen. Lähmung befällt den einzelnen, der vor der Notwendigkeit steht, die vertrauten Brücken abzubrechen. Was ihm da not tut, nennt Elsbeth Weichmann »den Mut zur Angst«, und das heißt jene Kraft, die uns handeln läßt, die zum Entschluß drängt, zum Aufbruch ins Unbekannte. Einmal Mut gefaßt, entwickeln sich unentbehrliche Warnsysteme, und die Phantasie, die das Entkommen erleichtert, gibt ihre ersten Ratschläge.

Ist der vorläufige Schutz in der Fremde erreicht, so stellen sich Probleme eigener Art. Da das Asylland keine umfassenden Rücksichten auf den einzelnen Flüchtling nehmen kann, bleibt es ihm überlassen, sich den ungewohnten Lebensnormen anzupassen. Es liegt weitgehend bei ihm, ob er die fast unvermeidliche Verlorenheit in der Fremde austragen will oder ob er sich dazu bereit findet, die Fremde so weit zu durchdringen, daß sie nicht mehr Fremde ist. Elsbeth Weichmann verweist darauf, wie wichtig dabei eigene Empfänglichkeit ist und wie ausschlaggebend eine Aktivierung des Lebensgefühls. Bei Brecht heißt es: »Vertriebene sind wir, Verbannte. / Unruhig sitzen wir so, möglichst nahe den Grenzen /

Wartend des Tags der Rückkehr.« Hier, in diesem ergreifend ruhigen Bericht, wird ein Beispiel dafür gegeben, wie sich der zum Warten Verurteilte aus seiner Lage vorübergehend lösen kann.

Die Unsicherheit, die beim Flüchtling innerhalb einer Gesellschaft aufkommt, deren Verhaltensmuster ihm noch ungewohnt sind, wird aufgewogen durch einen Zuwachs an Sensibilität. Ganz auf sich selbst gestellt, in der Rolle des Gegenüber, entwickelt er unverhofft ein Gespür für die Beziehungsvielfalt seiner Umwelt, und es wird ihm um so eher gelingen, ihren Ansprüchen gewachsen zu sein, wenn er, was Elsbeth Weichmann an sich selbst erfahren hat, dies aufbringt: »Initiative, Neugierde, Gestaltungsfähigkeit.« Warten ist nicht genug, Verweigerung hilft nicht weiter. Wer Boden unter die Füße bekommen will, muß einfach seine eigenen Investitionen leisten – trotz aller Sorgen und Bedrohungen. Die Entscheidungen, die man trifft, müssen nicht endgültig sein; doch sie sind nötig, um, zum Beispiel, dem Alltag des Exils seinen Rhythmus zu geben. Auch das gehört zum Zustand der permanenten Selbstverteidigung, in dem sich der Flüchtling befindet.

Eine der schlimmsten Belastungen ist die Erfahrung, daß die meisten Fragen ohne Antwort bleiben. Für den Verbannten gibt es nur die Gewißheit des Verlustes; alles, was die Zukunft bereithält, liegt im dunkeln. Angesichts immer wieder enttäuschter Hoffnungen kommt der Augenblick, in dem sich der Gedanke nach

Selbstaufgabe anbietet. Die Gerüchte und Parolen beleben nicht mehr, man macht die zufällige Entdeckung, daß man von niemandem erwünscht ist, man ist versucht, das Hindernis fortzuräumen, das man selbst darstellt. In dieser Situation, das zeigt Elsbeth Weichmann, ist Freundschaft von unschätzbarem Wert. Sie hilft, die Spannungen auszuhalten. Sie mobilisiert den Willenlosen. Sie richtet den Verzweifelten auf. Ohne die Widerstandskraft, die ihnen aus Freundschaften erwuchs, hätten viele nicht bestehen können.

Jahre des Exils sind bittere Jahre: man lebt, wie aus diesem Bericht hervorgeht, in verschiedenen Wirklichkeiten, alles wird zum Provisorium, zur Schleuse, zur Durchgangsphase. Auf rettenden Strand geworfen, gilt das leidenschaftliche Interesse den Ereignissen auf dem zurückgelassenen Kontinent. Mit neuer Lebensplanung beschäftigt, gesteht man sich ein, daß der gewonnene Grund »nur als Zufluchtstätte, nicht als neue Heimstätte betrachtet« werden kann. Die Verbannten und Wurzellosen lernen eines Tages, sich selbst von außen zu sehen, und das heißt: sich in der Rolle zu beobachten, die man wohl oder übel zu spielen begonnen hat. Irgendwann wird das Rollenspiel zu einem Teil der Überlebensstrategie, und es hängt nicht wenig davon ab, wieviel Kraft man noch für die Rolle aufbringen kann. Am Ende des Weges durch alle Feuer und Finsternisse wartet auf den Flüchtling eine Erfahrung, die man als tröstlichen Gewinn bezeichnen möchte, wenn der Preis nicht so unzumutbar, so unmenschlich wäre: er entdeckt, wie Elsbeth Weichmann am Beispiel zeigt, die eigene Unverwundbarkeit. Nichts kann ihm mehr anhaben, er erträgt Ungerechtigkeit und Demütigung, er hat die Härte erworben, die zum Aushalten nötig ist.

Dieser Bericht über die »Jahre des Exils« ist mehr als die Darstellung eines privaten Schicksals in unheilvoller Zeit. Unübersehbar ist der Wunsch der Autorin, die Erlebnisse auf ihren Erkenntnisgehalt zu befragen. Die Zeit kreatürlicher und geistiger Not wird auch mit der Absicht beschworen, gleichsam Gesetze eines verringerten Daseins zu beschreiben: So lebt der Mensch unter den Bedingungen der Ausnahme. Was eine souveräne Haltung gegenüber dem eigenen Schicksal an Einsichten gewinnt, wird hier freimütig benannt und vermittelt.

So entsteht aus eindringlicher Selbsterkundung das Psychogramm eines Flüchtlings, das alles enthält, was er durchleidet, durchlebt, und zwar beispielhaft.

Für den Leser enthält dieser Bericht aber auch eine Einladung zum Erschrecken: Er kann hier erfahren, was vor noch gar nicht langer Zeit im Namen Deutschlands geschah. Er kann die Folgen von Verblendung und Größenwahn an einem Einzelschicksal erleben und vielleicht beim Innehalten ermessen, was unser Land auf sich lud und wieviel es verlor.

Hamburg, im Januar 1983 *Siegfried Lenz*

Vorbemerkung

Dieser Bericht über die Etappen unserer Emigration ist eine Antwort auf die vielen Fragen, die uns im Laufe der letzten Jahrzehnte über unsere Exiljahre gestellt worden sind. In unserem starken Engagement für Gegenwartsprobleme hatten wir bisher niemals die Zeit gefunden, sie zu beantworten.

Die Fragen bezogen sich im wesentlichen auf Schwierigkeiten des Aufbaus einer Existenz, Schwierigkeiten der Anpassung, auf unsere Reaktionen und Stellungnahmen zu den politischen Ereignissen und auf Erfahrungen, die uns aus dem Emigrantenleben erwachsen waren.

Zur Beantwortung standen mir wenig Unterlagen zur Verfügung. Bei der Flucht aus Frankreich gingen mit unserer Habe auch alle unsere Papiere verloren. Während des harten Lebenskampfes in den USA machten weder mein Mann noch ich irgendwelche Notizen. Entscheidende Hilfe kam von alten, durch Zufall wieder aufgefundenen Briefen, zwischen denen auch noch einige Tagebuchnotizen auftauchten. Sie riefen Erinnerungen wieder wach, machten vor allem auch die Gemütslage der verschiedenen Phasen des Erlebens wieder bewußt.

Ich habe mich bemüht, nur einen Bericht zusammenzustellen, Handlungsfolgen so knapp wie möglich aneinanderzureihen, um die jeweiligen Umstände und die Fülle der Ereignisse der Jahre des Exils in gedrängter Form erfassen zu können.

Trotz dieser Beschränkung auf Berichterstattung hoffe ich doch, etwas von dem prägenden Erlebnis des Exils vermittelt zu haben, das uns zu Menschen ganz eigener Dimensionen gemacht hat.

Kampf ums Überleben

Oktober 1933. Der Zug Basel–Paris setzt sich langsam in Bewegung, rollt auf sicheren Schienensträngen immer weiter fort aus dem Land, das uns ausgespien hat. Der Nazi-Terror rückt in sicherem Rhythmus in die Ferne. Wir – Herbert und ich – haben überlebt.

Die ersten Reaktionen auf eine gelungene Flucht, wie wir sie später noch einige Male erlebt haben, sind nicht von rationalen Überlegungen geprägt. Emotionale Spannungen herrschen vor; Triumph- und Befreiungsgefühle bis zu Niemandslands-Ängsten und einem grauen Verlorensein im Unbekannten. Bilder der Vergangenheit jagen sich, ballen sich, fließen wieder auseinander, verdichten sich zu neuen Erinnerungen, die wiederum von andern verdrängt werden. Alle sind schmerzlich und unfaßbar. Dazwischen stehen die immer wieder bedrängenden Fragen: Zu welcher Art von Zukunft können wir noch Vertrauen finden? Was haben die vergangenen Ereignisse uns genommen oder gelehrt? Wie können Schmerz, Enttäuschung und der Verlust jedes Grund und Bodens, materiell und geistig, je bewältigt und zu neuen Lebensinhalten verarbeitet werden? Was werden wir aus diesem nun wurzellos gewordenen Leben machen, nachdem die Flucht, das eine, alles beherrschende Ziel, uns gelungen ist?

Gesunder Lebenswille registriert zunächst Dankbarkeit gegenüber dem Schicksal, das uns mit den brutalsten Äußerungen der neuen Machthaber des Reiches nicht direkt in Berührung brachte. Verhaftung, Folterung und Mord drohten uns monatelang vor unserer Tür. Wir sahen täglich Opfer um uns fallen. Jeden Augenblick konnten auch wir es sein. Der Zufall war uns gnädig.

Auch die Flucht glückte uns unter günstigeren Umständen als den meisten unserer Leidensgenossen. Wir stahlen uns über das Riesengebirge, in dem Herbert aus seiner Jugend jeden Schleichweg kannte, nicht in eine Fremde, aber zu meinen Eltern, die in der Tschechoslowakei lebten, in ein Zuhause, in dem wir liebevoll erwartet wurden und Nerven und Körper wieder unter Kontrolle bringen konnten.

Brünn, meine Heimatstadt, lag weit ab von den Flüchtlingsballungen, die sich in der Nähe von Grenzen und größeren Städten wie Prag, Basel, Saarbrücken oder in den skandinavischen Ländern bildeten. Wir waren nach den zermürbenden Monaten auf einer Insel der Unwirklichkeiten gelandet, entfernt von einer chaotischen Welt hektischer Verzweiflung und menschlicher Verlorenheit, und hier war es möglich, zu dem Geschehen, das hinter uns lag, größeren Abstand zu bekommen.

Wie sehr Verfolgungsangst normale Reaktionen zerstört, beweist eine Bemerkung Herberts in der ersten Nacht nach der gelungenen Flucht in einem kleinen Prager Hotel. Ich wollte die Fenster des Zimmers schließen, das zu ebener Erde gelegen war, worauf Herbert, bereits schlaftrunken, murmelte: »Warum schließen? Hier können doch bloß Einbrecher kommen.«

Das neue Leben unter plötzlich fast normalen Bedingungen machte es uns in den folgenden Wochen immer bewußter, wie sehr wir durch Verfolgung, Angst und Lebensunsicherheit geprägt worden waren. Die Verständigung mit Menschen, die in äußerer Ruhe gelebt hatten, war schwierig. Dem Bedürfnis zu sprechen folgte das Bedürfnis zu schweigen. Wir hatten einen Kampf ums Überleben bestanden, in dem wir uns bisher unbekannte Fähigkeiten entwickelt hatten. Wir hatten hellwach gespannt mit geballter Konzentration den Feind beobachtet, um beim ersten Zeichen eines Angriffs in Deckung gehen zu können. Wir entwickelten eine erstaunliche Phantasie, Warnsysteme zu erfinden, Untertauch- und Fluchtmöglichkeiten vorzubereiten, kurz eine kreatürliche Kraft zum Überlisten und zum Überleben. Wir erlebten es an uns und unserer Umwelt, daß Menschen in Gefahr Kräfte entwickeln können, von denen sie vorher nicht einmal eine Ahnung hatten.

In den letzten Monaten unseres Ausnahmezustandes in Deutschland, in denen wir bereits als Geächtete durch die Straßen und die Zeit liefen, erlebten wir neben Verfolgungsschrecken auch die Demütigung durch Menschen, zu denen man bisher in anständigen Beziehungen gestanden hatte. Viele gute alte Bekannte versuchten, uns in der Öffentlichkeit zu übersehen, oder steckten, falls ein Gruß unvermeidlich geworden war, schnell das Hakenkreuz am Rockaufschlag weg, manche wagten sogar uns zu ersuchen, sie künftig nicht mehr zu erkennen. Die Schäbigkeit opportunistischer Selbsterhaltungstriebe war eine überraschende und quälende neue Erfahrung. Wie sie je verarbeitet werden könnte, mußte der Zeit überlassen bleiben.

Die tiefste Wunde, die nur durch ein langes, erfahrungsreiches Leben langsam ausheilen konnte, hatte aber die Niederlage vor der unfaßbaren, schmutzigen Gewalt gerissen, die alle europäischen Kulturbegriffe zuschanden machte. Jahrelang standen deutsche Republikaner opferwillig, kampfbereit und voll Glauben an die Aufgabe ihrer Generation im Kampf gegen Ungeist und Unmoral. Wie konnte das alles so furchtbar und ohne Widerstand vernichtet werden? Keiner konnte die Antwort auf diese Frage finden. Aus ersten leidenschaftlichen Anklagen wurden jahrelang geführte Gespräche mit Schicksalsgenossen, in denen Ereignisse und Erfahrungen zusammengetragen, abgewogen, in Zusammenhänge gebracht wurden. Wenn alle diese Gespräche auch nicht als »Antwort« gewertet werden konnten, erwiesen sie sich doch als ein wichtiges Bemühen, die Zeit, in der wir zu leben hatten, zu verarbeiten und zu ihr einen rationalen Standort zu gewinnen.

Im Sommer 1932, am Morgen des Staatsstreichs v. Papens in Preußen, mit dem die Regierung des demokratischen Preußen unter Otto Braun entmachtet werden sollte, rief Herbert, damals Ministerialrat im Preußischen Staatsministerium und persönlicher Referent Otto Brauns, seinen Chef in seiner Privatwohnung an, berichtete ihm, daß man stündlich die Besetzung des Staatsministeriums durch v. Papen erwarte, und sagte: »Herr Ministerpräsident, kommen Sie sofort ins Staatsministerium! Wir werden verhaftet werden.« Eine Verhaftung, so meinten er und viele andere, werde das Signal zu einem Aufstand aller demokratischen Kräfte Preußens werden, des Reichsbanners, der Gewerkschaften, sonstiger republikanischer Gruppen und der Koalitionsparteien. Otto Braun aber blieb zu Hause. Er wollte keine Gewalt provozieren. Fürchtete er die Greuel der Gewalt oder schätzte der große Realpolitiker, der vierzehn Jahre lang ein demokratisches Preußen zusammengehalten hatte, während das Parteiengerangel die Regierungschefs im Reich fast jährlich wechseln ließ, die Chancen eines Gewaltstreichs zu gering ein? Oder war er persönlich bereits müde geworden? Glaubte er, vielleicht doch noch mit demokratischen Mitteln durch Verhandlungen oder ein Anrufen der Gerichte die Krise meistern zu können?

Herbert glaubte an eine solche Chance. Nicht ganz zu Unrecht. Otto Braun versuchte tatsächlich, nach dem Sturz v. Papens als Reichskanzler mit dessen Nachfolger, General Schleicher, zu verhandeln und ihm seine Unterstützung anzubieten. Aber auch General Schleicher wurde ein Opfer der Harzburger Front und der Großindustrie.

In den folgenden Monaten und Wochen traf man sich wie tapfere Verschwörer, die die täglichen Schreckensnachrichten austauschten und kommentierten, ohne die Gesetze der Macht und Gewalt wirklich zu erkennen. Für diese Generation von Republikanern war demokratische Freiheit, soziales Gewissen, Würde des Individuums und Toleranz zum schwer erkämpften Wertsystem geworden. Wir meinten, Gewalt könne durch ein Ignorieren der Gesetze der Gewalt überwunden werden.

Kaum einer unter den Republikanern hatte Hitlers Buch »Mein Kampf« gelesen oder gar die Zeichen erkannt, die es setzte. Keiner erfaßte die teuflische Demagogie, die Massenhysterien produzierte, als zu bekämpfende bedrohliche Realität, kaum einer begriff, daß der anständige Glaube an demokratische Freiheit und soziale Gerechtigkeit bereits eine schwache Waffe gegen den meisterhaft organisierten Aufbruch der Gewalt geworden war. Viele sagten damals: »Es wird nichts so heiß gegessen, wie es gekocht wird!« Oder: »Laßt uns in Deckung gehen, bis der Spuk vorüber ist.« Selbst Herbert tat den weisen Ausspruch: »Auch sie können nur mit Wasser kochen.« Daß sie eben auch mit Blut kochen konnten, lag außerhalb unseres Fassungsvermögens und unserer Vorstellungskraft.

Die Wahlen der Weimarer Republik im November 1932 waren die letzte Herausforderung an die demokratischen Kräfte des Landes, die alle Hoffnungen noch einmal mobilisierten. Man stürzte sich mit verzweifelter

Begeisterung in diesen, bereits von Terror bedrohten Wahlkampf, in dem die SA durch die Straßen marschierte und ihren Gegnern Schlachten lieferte. Herbert begleitete den recht skeptisch gewordenen Otto Braun auf seinem Wahlfeldzug durch die Lande. Überall wurde er, der große Demokrat, der das Preußen der Junker, Militärs und der Standesgesellschaft in einen demokratischen Staat verwandelt hatte, die erfolgreiche Vaterfigur, mit Jubel empfangen. Überall hielt das Reichsbanner die Straßen besetzt, um vor Terroranschlägen zu schützen, standen Menschen, um ihm zuzujubeln.

»Sehen Sie die Menschenmengen, ihre Zuneigung«, sagte Herbert zu Otto Braun, »sie alle warten nur auf Sie und ein Zeichen von Ihnen, um sich zur Wehr zu setzen.« Er antwortete mit trauriger, aber klarer Stimme: »Ich bin kein Anführer von Bürgerkriegsbataillonen, Weichmann, ich bin ein verfassungstreuer Demokrat.«

Im Grunde wußten wir bereits alle, daß uns nur noch das Instrument der Wahlen blieb, um die Republik zu retten und dem Verhängnis Einhalt zu gebieten. Die überfüllten Wahlversammlungen beeindruckten ebenso wie der hingebungsvolle Einsatz aller demokratischen Kräfte. Die letzte Wahl in der Weimarer Republik war ein echter Wahlkampf, der unter Drohungen, Terror, Risiken aller Art stattfand.

Ich wurde von der Partei in den Cottbuser Raum geschickt und wanderte eine Woche lang von Ort zu

Ort. Alle Wahlversammlungen waren überfüllt, die Gefahr einer gewaltsamen Sprengung jeder Versammlung lag als erregende Spannung in der Luft. Unbekannte oder verdächtige Besucher wurden auf Waffen untersucht. Eine solche Atmosphäre von Gefahr und Kampf erzeugt eine erstaunliche nervliche Ruhe und Einsatzfähigkeit. Ich glaube, ich war niemals ein so guter Redner wie damals gewesen. Als am Schluß einer Wahlversammlung ein stämmiger Arbeiter mich hochhob und dem Publikum zurief: »So dünn ist sie und so couragiert«, war ich felsenfest davon überzeugt, daß wir die dunkle Schwelle überschritten hatten.

Mit den Wahlen im November überschritten wir wirklich eine Schwelle, aber in der andern Richtung. Die Nazipartei hatte zwar zugunsten der demokratischen Parteien verloren, aber sie wurde von der Harzburger Front, den Deutschnationalen und vor allem von Herrn v. Papen in den Sattel gehoben in dem Glauben, sie zügeln zu können. Reichspräsident von Hindenburg, mit einem Landgut als Geschenk bedacht und von seinem Sohn beeinflußt, hüllte sich in Schweigen. Im Jahre 1933 wurde Hitler Reichskanzler, und kurz darauf folgten die ersten Schritte auf dem Weg zur Diktatur. Das Ermächtigungsgesetz wurde erlassen.

Der Kampf ums Überleben begann. Es war, als ob ein furchtbares Unwetter über das Land niederging. Blitze schlugen in kurzer Folge in alle Häuser und Institutionen der Nazigegner ein und brannten sie aus. Die betroffenen Menschen fanden kaum noch Schutz in anderen Behausungen, sie wurden aufgegriffen und in Haft genommen. Ein Freund berichtete, er sei nach seiner Verhaftung in einen Raum zusammen mit Verbrechern gesteckt worden. »Bist du ein Politischer oder nur ein Verbrecher?« wurde er gefragt und bemitleidet, weil er ein »Politischer« war. Einige wenige kamen aufgrund von Interventionen von »höherer Stelle« oder dank Gesinnungszusagen wieder frei. Die meisten versuchten, über die Grenzen zu fliehen, was oft nicht gelang; viele verschwanden in abenteuerlichen Verstecken, verkrochen sich in den Untergrund und die innere Emigration. Das Judenblut spritzte in den ersten Phasen noch nicht vom Messer, der erste Angriff galt im wesentlichen den »Politischen«. Gesetz und Ordnung lösten sich auf. Der Reichstag brannte. Die Zeichen waren deutlich gesetzt: »Rette sich, wer kann!«

Trotzdem gab es immer noch viel zu viele, die die Zeichen nicht erkennen wollten. Sie zeigten sich grenzenlos naiv und hilflos in der Beurteilung dieser zerstörerischen Gewalt und behaupteten tapfer weiter ihre Positionen oder besser Illusionen: Auch Herbert neigte im Anfang zur Heldenpose: »Dann werde ich eben auch verhaftet werden.«

In den folgenden Wochen, in denen die Verfolgungsaktionen sich um uns herum und unter unseren Freunden häuften, machten sich Furcht und Überlebenswille auch in unserem Bewußtsein bemerkbar. Um den täglichen Greuelmeldungen und den vielen, von Verfolgungsangst getriebenen, verstörten Menschen, die wir trafen oder die zu uns kamen, wenigstens für einige Stunden zu entgehen und nicht selbst völlig die Fassung zu verlieren, machten wir lange Radtouren durch die Wälder um den Wannsee. Wir hatten Angst, aber noch nicht den Mut zur Angst, der Konsequenzen verlangt: Über Niemandsland abzuspringen, alle Brücken zum bisherigen Leben, zur eigenen Identifikation abzubrechen – das war ein Entschluß, der viel Kraft abverlangte. Es brauchte einige Zeit, bis wir diese Kraft aufbrachten, ein Land zu verlassen, in dem wir ein gläubiges und verantwortungsvolles Leben meinten aufgebaut zu haben.

Diese Wochen, in denen der Mut zur Angst noch mangelte, verleiteten uns zu manchen gewagten Abenteuern. Eines dieser Abenteuer war der Entschluß, in die Wohnung von Otto Braun zu gehen (selbstverständlich mit seiner Zustimmung), der am Wahltag nach Ascona zu seiner kranken Frau gefahren war, ohne seinen Schreibtisch geordnet und wichtige Unterlagen mitgenommen zu haben. Sein Haus war in unmittelbarer Nähe eines SA-Lokals gelegen, ein Umstand, der wohl auch eine Rolle bei seinem Entschluß, unmittelbar nach der Wahl fortzufahren, mitgespielt haben mag. Wir sortierten und verpackten persönliche Briefe und Papiere, Akten, Notizen in Pakete, die ihm später als Unterlagen für sein Buch dienen sollten, und brachten sie in unsere Wohnung. Als sie ordentlich aufgestapelt im Eingang unseres Zuhauses lagen, fiel es uns erst ein zu erschrecken. Hatte uns jemand gesehen? Was würde geschehen, wenn die Nazis uns in dieser Situation überraschten?

Wiederum half uns ein glücklicher Zufall, wie so oft bei Gefahren, und man konnte ihnen entrinnen. Meine blonde junge Hausgehilfin hatte seit Monaten einen Freund, der zu ihrem großen Leidwesen eine Naziuniform trug. Er besuchte sie oft, wahrscheinlich auch nachts, und das einzige Verbot, das ich ausgesprochen hatte, war, daß er nicht in der Naziuniform bei uns erscheinen dürfe. Am Tag der Machtergreifung Hitlers erschien er in voller Uniform, salutierte und erklärte: »Jetzt werde ich diese Uniform tragen, weil ich Sie beschützen werde. Edle Menschen beschütze ich.« Wahrscheinlich hat er uns wirklich vor Überfällen, Plünderungen und Verhaftung durch lokale SA-Gruppen bewahrt, denen so viele unserer Freunde und Bekannten zum Opfer fielen.

Als mein blondes Hausmädchen, die selbst aus einer ordentlichen sozialdemokratischen Familie kam, unser verängstigtes Gespräch vor den Stapeln von gefährdetem Braun-Material hörte, meinte sie tröstend: »Das stellen Sie doch einfach unter mein Bett, da findet es keiner.« Am nächsten Tag wurden die Pakete mit fingiertem Absender nach Ascona geschickt, und sie kamen an.

Mit der Zeit wurde uns das Spiel mit der Gefahr, das jeden Tag in irgendeiner Form von neuem begann, immer bewußter; die rührend kindliche Hilflosigkeit der Widerstand versuchenden Freunde erschien uns immer beängstigender. Als unser braver Parteikassierer, der monatlich kam, um die Zahlmarken in das Gebetbuch der Partei, das Parteimitgliedsbuch, zu kleben, bei dieser treuen Gewohnheit blieb und mir den guten Rat gab, das Mitgliedsbuch besser zu verstecken, etwa in den hohlen Gardinenstangen, heulte ich vor Rührung und Verzweiflung. Und als Herbert berichtete, daß er von einem entfernten Bekannten Unter den Linden mit den freundlichen Worten angesprochen wurde: »Was, Sie sind noch nicht verhaftet?«, war der Punkt erreicht, an dem bei uns der Mut zur Entscheidung siegte. Wir stahlen uns zu Fuß über das Riesengebirge in die Tschechoslowakei.

Ruhe im Elternhaus, schlafen ohne Angst und Alpträume, klingeln hören, ohne aufzufahren, durch die Straßen schlendern ohne Verfolgungswahn! Wir genossen die Atempause und nützten sie, um eine Umstellung vorzubereiten. Dies nahm einige Wochen in Anspruch. Emotionale und rationale Überlegungen und Pläne waren nicht so rasch in Einklang zu bringen.

Herbert, der nie fromm gewesen war, ging fast täglich in die Synagoge. Mutter sagte zu mir: »Mir tut es leid, daß du auf jüdisch nun durchmachst, was ich auf evangelisch durchgemacht habe.« Diese Bemerkung machte mir klar, wie weit Erlebniswelten bereits auseinander lagen. Die damals tapfere Auseinandersetzung meiner Mutter mit dem Tabu der Kirchen und ihren herrschaftsstützenden Prätentionen hatte nichts mehr mit der Demütigung jüdischer Menschen zu tun, die erst wieder den Boden ihrer Vergangenheit finden mußten, um mit Selbstbewußtsein und einer neuen Identifikation in dieser neu entstandenen Welt zu bestehen. Herbert hatte zunächst das Bedürfnis, sich gerade jetzt zu dem Gott seiner Vorfahren zu bekennen und mit ihm zu hadern. Er fand seine Zugehörigkeit, aber auch seine Distanz zu ihm wieder.

Die Fragen nach einem neuen Anfang, nach dem Wo, dem Wie und Wofür begleiteten uns in den Wochen, die wir in der Tschechoslowakei verbrachten, zuerst verschleiert, dann in ersten Konturen. Schließlich fanden wir Antworten.

Der Entschluß, nach Israel zu gehen, um aus dem steinigen Boden des biblischen Landes mit bloßen Händen ein Land zu schaffen, in dem wieder Milch und Honig fließen sollte, war für Herbert nicht der nächstliegende. Es war für Zionisten und auch viele andere Juden eine problemlose Entscheidung. Der Verzicht auf Kultur, Besitz und Zivilisation war zwar schwer, die Antwort des Wohin und Wofür aber eindeutig. Herbert, der in seiner Jugend enge Beziehungen zur zionistischen Bewegung hatte, befürwortete mit Freunden und für Freunde diese Entscheidung. Für sich selbst lehnte er sie aus vielen Gründen ab. Im wesentlichen hingen sie alle mit einer starken Bindung an Europa, an die europäische Kultur und die europäischen Probleme zusammen. Bei dieser Entscheidung spielte es gar keine Rolle, daß ich Nicht-Jüdin war. Ich selbst wäre, ohne mich zu sträuben, nach Israel mitgegangen, um mitzuhelfen, das wahr zu machen, was ein Freund, der dorthin ging, sagte: »Ihr werdet immer weiter von Freiheit, Gerechtigkeit und Sozialismus reden, wir werden es machen.« Diese heroische Romantik, eine der ergreifendsten Reaktionen aufs niederträchtigste diffamierter Menschengruppen, ergriff mich stark. Aber Herberts Entscheidung hatte auch gute Argumente für sich.

Die Frage nach dem »Wo leben« und »Wofür leben« war auch für viele politische Flüchtlinge eindeutig gelöst. Die geflüchteten Mitglieder der demokratischen Parteiorganisationen hatten mit der Organisation des politischen Widerstandes von außen her begonnen, nachdem jeder Widerstand im Innern unmöglich geworden war. Es wäre für uns als politische Flüchtlinge und Sozialdemokraten naheliegend gewesen, mit diesen Gruppen Fühlung aufzunehmen. Wir taten es nicht. Wir stimmten in der Skepsis über die Effektivität dieser Unternehmungen völlig überein. Die brutale Gewalt, mit der in Deutschland Macht ausgeübt wurde, machte in unseren Augen alle solchen Versuche mit sichtlich unzulänglichen Mitteln zu einem zwar heroischen, aber kaum wirksamen Unterfangen. Außerdem glaubten wir auch nicht mehr an Widerstandswillen und Widerstandskraft bei der Mehrheit der deutschen Bevölkerung. Das Menschenbild, an das wir geglaubt hatten, war zerstört, nicht zuletzt durch die Erfahrungen des wilden Antisemitismus, der uns unmittelbar getroffen hatte. Ein überzeugender innerer Auftrag bestand also nicht mehr.

Was aber bestand, war Herberts gesunde Veranlagung, den Einsatz für eine Moral, zu dem wir uns beide verpflichtet fühlten, besser mit festem Boden unter den eigenen Füßen zu wagen, und sein ausgeprägtes Bedürfnis nach Unabhängigkeit, Ordnung und Aufbau einer neuen eigenen Welt.

Die für uns noch immer ungeklärten Fragen nach dem »Wohin« und »Wozu« fanden wiederum durch Zufälle eine Klärung.

Der nach dem Ersten Weltkrieg als Journalist und Berichterstatter der »Frankfurter Zeitung« und später der »Vossischen Zeitung« recht bekannt gewordene Herbert Weichmann, der nicht nur sein Studium, auch das Leben seiner durch die totale Geldentwertung mittellos gewordenen Familie mit dieser Tätigkeit finanziert hatte, war trotz seines Berufswechsels 1927 von der Presse in die Staatsverwaltung nicht vergessen. Er traf durch Zufall und auf Umwegen alte Kollegen im »Prager Tageblatt« wieder, die ihm in Paris eine Position als Wirtschaftskorrespondent für diese Zeitung anboten. Der Auftrag bot keineswegs festen Boden unter den

Füßen. Die Bezahlung lag unter dem Existenzminimum. Aber es war ein erster Schritt in ein Land, das wir nur aus verzerrenden deutschen Schulbüchern kannten und dessen demokratisches Gesicht wir nun gerne kennenlernen wollten, besonders nach den Schlägen, die uns getroffen hatten. Die Aussichten, mit Hilfe dieses Strohhalms ein stabileres Nest bauen zu können, konnten wir nicht übersehen. Daß dieser Auftrag uns einen mit Geld gar nicht aufzuwiegenden Vorteil brachte, erkannten wir erst viel später, nach längerem Aufenthalt in Frankreich. Als Auslandskorrespondenten konnten wir mit Aufenthaltsberechtigung und nicht als »refugié provenant d'Allemagne« einreisen, wie die meisten andern der Ausgespienen, die Monat für Monat, Jahr für Jahr für ein unsicheres »permit de séjour« Schlange stehen mußten. Der Boden unter unseren Füßen, den wir tastend gesucht hatten, war zwar nicht mehr als ein erster schmaler Tritt, aber einer auf einen Grund, auf den wir uns wagen wollten.

Wir überschritten die französische Grenze wie normale Reisende, mit gültigen Pässen, gültigen Visen, Koffern und gewaschenen Kleidern, mit einer faktischen Normalität, die die Absurdität der Situation nur oberflächlich verbarg. Der Knall der Explosion, die die Weimarer Republik zerstört hatte und die Grundlagen unseres Lebens, die materiellen, geistigen und wertbezogenen, in die Luft gesprengt hatte, lag uns mit unverminderter Schärfe in den Ohren. Wir hatten nur die

Chance gehabt, den Staub der Explosion abschütteln zu können und einen schwachen ersten Schritt ins große Unbekannte getan zu haben, belastet von Ängsten und Unsicherheiten.

Kann man, aus einem solchen Zusammenbruch kommend, tief verschleierten Horizonten der Zukunft entgegenfahrend, noch Mut, Neugierde und vielleicht sogar trotzige Zuversicht aufbringen?

Wir konnten es.

Frankreich

Paris, ein neuer Anfang

Im Jahre 1933 waren Paris und Frankreich für uns so fremd und so unbekannt wie ein anderer Kontinent. Das Bild vom Erbfeind, das uns als Kindern im Ersten Weltkrieg und auch später noch in unseren Studentenjahren aufgedrängt worden war, hatten wir mit unseren Verständigungs- und Friedensidealen nicht angenommen, wir konnten es aber auch nicht durch bessere Informationen oder Erfahrungen ersetzen. Die Frage »Wer ist dieser aus der alten Welt des Nationalismus stammende Erbfeind, wie lebt er, was denkt er, was will er?« würde uns die neue Welt, in der wir jetzt lebten, beantworten.

Die ersten Reaktionen auf die große fremde Stadt waren von ganz anderen Eindrücken geprägt als denen, die touristische Neugierde erfährt. Augen, Ohren, alle Sinne waren auf Bewegung und Geräusche in den Straßen, auf den Singsang der Sprache, auf Kleidung und Bewegung der Menschen, auf Waren in den Läden und all die neuen, oft befremdlichen Dinge des Alltags eingestellt. Im heutigen Jargon würde man sagen, man war auf die Suche nach der Basis eingestellt, auf den Rhythmus des Alltags und der Arbeitswelt, zu der man eine Beziehung finden mußte, um in ihr leben zu können.

Diese Erfahrung war in der damaligen, noch sehr statischen Gesellschaft, in der Massenauswanderungen unbekannt waren, sehr neu. Es gab wohl die russische Emigration nach dem Westen, die aber von den Deutschen in ihren eigenen Wirren nur begriffen wurde, wenn sie mit ihr unmittelbar in Berührung kamen. Paris war für die deutsche Emigration ein Erlebnisneuland, das noch keine Erfahrungsrichtlinien bot. Viele lernten es erst nach längerer Zeit und mit schmerzlichen Erfahrungen kennen und gestalten. Alle mußten lernen, daß man von einem Gastland nicht erwarten konnte, es solle sich der verstörten und zerstörten Welt der Emigranten anpassen, sondern daß der ein Asyl suchende Flüchtling die Anpassung von sich aus zu leisten hatte.

Auch uns überfiel, kurz nach unserer Ankunft am Gare de l'Est, das Gefühl der Verlorenheit vor dieser fremden und befremdenden Umwelt. Farben, Geräusche, Gerüche, Häuser, Straßenbild, die ganze Dynamik dieser Stadt waren neu, ungewohnt – die Fremde. Aber wir vertieften uns nicht in diese Stimmung, wir versuchten vom ersten Tag an diese Fremde näher kennenzulernen, damit sie uns nicht fremd blieb. Mit dem Ziel, eine Wohnung zu finden, begannen wir unsere Stadteroberung. Führer war der Stadtplan. Die durchzuackernden Arrondissements wurden aufgeteilt und die Erlebnis- und Erfahrungsausbeute am Abend in unser kleines Hotelzimmer eingebracht.

Eine unbekannte große Stadt von der Straße her kennenzulernen, ist anstrengend. Die im Grunde sehr guten und übersichtlichen Metro- und Busverbindungen mußten erst gelernt, der Wohn- und Bevölkerungscharakter der verschiedenen Arrondissements erst entdeckt werden. Die Romantik der anmutigen Melodie »Sous les toits de Paris« erwies sich als oft schmutzige Armseligkeit, ungepflegte Bedürfnislosigkeit, Enge voller Gerüche und Lärm. Trotzdem wurde der Eindruck von natürlicher Lebensfreude niemals verwischt. In den kleinen Bistros, im Straßenhandel, in den mühsamen Gesprächen mit den Wohnungsvermietern lag etwas von menschlicher Anmut, von unbefangener Freundlichkeit, die Wärme und gar keine Aggressivität ausstrahlten.

Eine fast beruhigende Erfahrung in der erdrückenden Größe der Millionenstadt, die wir mit unseren armseligen Sprachkenntnissen und unzulänglichen Hilfestellungen zu erobern versuchten, bildete die Abgeschlossenheit jedes Arrondissements, das gleichsam wie eine Stadt für sich sein Eigenleben führte. Das Zentrum der Stadt, die historische Repräsentation Frankreichs, war eingerahmt von kleineren Städten, deren Bewohner oft die andern Stadtteile gar nicht kannten. »Je ne suis pas du quartier«, erhielt man oft zur Antwort, wenn man nach Straßen oder Bahnverbindungen fragte. Die Wohnungssuche reduzierte sich auf wenige Arrondissements, die am anziehendsten erschienen.

Nach längerem Suchen, vielem Treppensteigen, Zimmern mit wackligen Möbeln, durchgelegenen Betten, tropfenden Wasserhähnen, Blick auf graue Wände, fanden wir schließlich eine Bleibe, die äußerlich und auch menschlich Ansatzpunkte zum Leben und Arbeiten bot. Sie lag in einer schmalen Seitengasse an der Porte de Versailles, nahe der Seine, in dem Einfamilienhaus eines verstorbenen Architekten, dessen Witwe, eine gebildete, warmherzige Frau, eine kleine Pension daraus gemacht hatte mit Mittagstisch für Leute aus der nahen Umgebung. Sie bot uns ein großes, solide eingerichtetes Zimmer an mit eingebauten Wandschränken und einem gekachelten Badezimmer, einem großen Arbeitstisch vor dem breiten französischen Fenster, das auf die Straße ging. Dazu hatte sie ein waches Interesse an unserem Emigrantenschicksal und war zu jeder Hilfe bereit, damit wir unsere neue Umwelt begreifen lernten. Ihr Schwiegersohn, Lehrer und aktiver Sozialist, fühlte sich berufen, uns in Frankreichs politisches Leben einzuweihen, unser Französisch zu verbessern und uns mit Geduld praktische Ratschläge zu erteilen, die Neuankömmlinge so dringend brauchen. Wir hatten menschliche Hilfsbereitschaft und damit ein Stück Zuhause gefunden, einen guten neuen Schritt auf unserem Weg in eine neue, noch ungekannte Welt getan.

Die tägliche Arbeit begann mit Zeitunglesen, eine wirklich schwere Arbeit bei den spärlichen französischen Sprachkenntnissen, die wir besaßen. Eine zweite Informationsquelle war die Börse, die Herbert jeden Vormittag aufsuchte, um Gründe und Hintergründe des Wirtschaftsablaufs kennenzulernen. Meine Aufgabe war es, Archive anzulegen, vornehmlich zunächst aus Zeitungsausschnitten, um die technischen Grundlagen für journalistische Arbeit zu schaffen. Wir waren in den ersten Wochen völlig beherrscht von diesen Vorbereitungen für eine neue Lebensgrundlage und glücklich, davon beherrscht zu sein. Ein aktives Lebensgefühl erwachte wieder, eine Wiederentdeckung der eigenen Identität begann. Gewiß wurden wir von den Nachrichten über den wachsenden Naziterror und die Opfer der Verfolgungen immer weiter gequält, aber sie ließen uns nicht mehr in Verzweiflung untergehen, weil wir ein neues starkes Lebensgefühl dagegensetzen konnten.

Die ersten Monate absorbierten alle unsere Kräfte für den Aufbau einer neuen Existenz, die viele neue Kenntnisse verlangte, eine andere Sprache, die technische Beherrschung einer neuen Umwelt. Sie verbannte auch die Pracht und die Herrlichkeiten von Paris an den Rand der Erlebniswelt. Wir hatte keine Muße, die Champs Elysées, die Tuilerien, die Place de la Concorde zu genießen, immer waren wir beherrscht von der Aufgabe, die erledigt werden mußte. Ganz schüchtern im Hintergrund stand der Wunsch, vielleicht doch noch einmal die Zeit zu haben, dies alles erleben und in uns aufnehmen zu dürfen.

Die einzige Entspannung, die wir uns damals erlaubten, war das Vorstadtkino um die Ecke, mit harten Stühlen, Raucherlaubnis, Kleinkindern auf dem Schoß der Eltern, Produkten aus der Hollywood-Traumfabrik, aber auch mit lieben französischen Filmen, deren zarte menschliche Töne uns wohltaten. Es war aber an sich schon ein Fest, nach getaner Arbeit unter einem Volk sitzen zu dürfen, von dem wir keine feindliche oder aggressive Ausstrahlung zu fürchten brauchten.

Die Berichterstattung für das »Prager Tagblatt« war, dank Herberts journalistischer Wendigkeit und Routine, wenige Wochen nach unserer Ankunft gut angelaufen. Kurz darauf kam ein neuer Auftrag. Der »Deutsche Volkswirt«, in dessen Redaktion Herbert einen guten Namen hatte, hatte von seinem Aufenthalt in Paris erfahren und ihn gebeten, monatliche Berichte über Frankreich zu übernehmen – natürlich unter Pseudonym. Damit war unsere Existenz – unser Zimmer und die Verpflegung – gesichert, und wir konnten unser mitgebrachtes Kapital, das aus 2000 Reichsmark bestand, als Notgroschen zurücklegen. Natürlich wußten wir auch, daß dieser Auftrag jederzeit wieder zurückgezogen werden konnte, aber er war eine willkommene Überbrückung und ein Zeitgewinn bis zur Herstellung neuer Kontakte.

Herbert fand solche Kontakte zunächst in Holland. Besuche bei seiner Familie (Mutter, Schwester, Schwager und Kind) in Amsterdam benützte er, um mit der führenden niederländischen Wirtschaftszeitschrift, den »Economisch-Statistischen Berichten«, in Verbindung zu treten und ihr eine regelmäßige Berichterstattung über Frankreich anzubieten. Nachdem seine ersten Artikel dort erschienen waren, wurde er auch vom »Economic Weekblad voor Nederlandsch-Indie« (Batavia) zur Berichterstattung über Frankreich aufgefordert. Ende 1934 hatten wir bereits die Berichterstattung für vier Blätter übernommen.

Dieser Erfolg konnte nur durch die disziplinierte Konzentration Herberts, seine rasche und intelligente Fähigkeit, Fakten zu verarbeiten und wiederzugeben, erreicht werden. Er diktierte damals seine Artikel druckreif in die Maschine. Mein Beitrag bestand aus unermüdlicher Handlangerarbeit, einem unermüdlichen Eifer zu lernen, zu verstehen, zu kombinieren und mir auch meine Meinungen zu bilden. Als studierte Volkswirtin brachte ich auch einige Voraussetzungen mit und konnte mich langsam vom Handlanger zum kleineren Partner emporarbeiten.

Der Kampf um eine Existenz, der zunächst alle Kräfte absorbiert hatte, war nach etwas über einem Jahr aus der harten ersten Phase voll Risiken und Unsicherheiten übergegangen in einen Zustand, der uns zwar ständige Beweglichkeit, aber nicht mehr zähneknirschende Mühen abverlangte. Die Empfänglichkeit und das Interesse an einer größeren Umwelt hatten nun Raum zu wachsen. Paris öffnete sich.

Bauwerke, Museen und Bibliotheken vermittelten uns Wissen und Verständnis der französischen Geschichte. In langen Sonntagswanderungen erschloß sich uns die liebliche Landschaft um Paris, die Wälder von

Meudon, Marly, St. Cloud, in denen an milden Herbsttagen die Bäume noch einmal ausschlugen. Wir tanzten am 14. Juli von der Bastille bis ans andere Ende von Paris zur Porte de Versailles unter dem Volk, mit dem Volk, dankbar, endlich die Phasen des Befremdetseins und der Fremde überwunden zu haben und in eine Welt eingetaucht zu sein, die Freude, Anregung und Lebensmöglichkeit bot.

Das Paris der dreißiger Jahre war eine ergraute Stadt, vom Louvre über die Champs Elysées bis hinein in die Vorstädte. Das Grau der Wände gab den alten Prachtbauten eine altehrwürdige Patina, einen antiken Charme, und den Vorstädten die Atmosphäre einer seit langem statischen Welt. Die Unruhe, die auch schon dieses Land erfaßt hatte durch Wirtschaftskrisen, politische Führungsprobleme, vor allem auch durch die Ereignisse jenseits der Grenzen, war für Fremde noch kaum erkennbar. Einige Monate nach unserer Ankunft kam vormittags über Radio die Meldung, daß eine Demonstration gegen die derzeitige Regierung über die Champs Elysées ziehe und Gewaltakte zu befürchten seien. Als ich kurz nach 12 Uhr mittags dort ankam, herrschte auf den Champs Elysées wie immer friedlicher Caféhaus- und Straßenbetrieb. Ein Flic, den ich befragte, antwortete mir fast vorwurfsvoll: »Mais Madame, c'est midi. On mange.« Glückliches Land, in dem die Revolution wegen Mittagspause von 12 bis 2 Uhr unterbrochen wird.

Dieser Eindruck war allerdings nicht mehr ganz richtig. Noch beherrschte zwar ein duldsam humanes Verhalten die Bevölkerung und den Alltag, noch machte die großzügige Toleranz des Volkes gegenüber menschlichen Schwächen das Leben leicht, noch nahm die Heiterkeit des »Leben und Lebenlassen« dem täglichen Umgang mit Menschen jede Aggression. Aber diese Toleranz endete genau dort, wo der eigene Lebenskreis durch kritische Ereignisse oder Krisen angegriffen wurde. In den folgenden Jahren wurde er immer heftiger angegriffen. Viele Emigranten hatten unter dieser Entwicklung manches zu erleiden.

Die deutsche Emigration

Die deutschen Emigranten, gehetzt und verstört, oft knapp dem Tode entronnen, beherrscht von ihrem eigenen Schicksal, das sie noch nicht begreifen oder verarbeiten konnten, ohne die Kraft, eine neue Umwelt zu sehen, zu hören oder sich gar ihr anzupassen, kamen den meisten der an der eigenen Unruhe leidenden Franzosen wie unheilverkündende Unglücksraben vor. Nur kleine Kreise nahmen sich einiger der Verstörten an. Aus dieser Situation ergaben sich Reibungen, die beide Teile belasteten.

Die erste Welle der Emigration bestand vornehmlich aus Politikern, führenden Staatsmännern und Funktionären der von Hitler verbotenen Parteien, aber auch schlichte Mitglieder dieser Parteien, die sich dem Nazisystem nicht anpassen wollten, waren unter ihnen. Sie bildeten mit der Zeit viele kleine Gruppen, die alle auf ihre Weise versuchten, Widerstand im Nazireich zu organisieren. Ihnen allen gemeinsam war der Glaube an ihre missionarische Aufgabe. Frankreich bedeutete für sie nur ein Versteck, aus dem heraus der Ablauf des Dramas gestört oder gar verwandelt werden konnte.

Besonders in den ersten Jahren der Emigration standen wir in Fühlung mit einigen dieser Gruppen. Der ehrliche Missionsglaube, der Mut und Opfer verlangte, war beeindruckend. Mit der Festigung der autoritären Herrschaft in Deutschland, der steigenden Zahl von Häftlingen in Konzentrationslagern, den sich häufenden Berichten von Folterungen und Ermordungen wurden dann aber alle Versuche, Widerstand in Deutschland zu organisieren, für pragmatisch denkende Menschen fragwürdig. Wenn der Versuch eines Widerstandes bereits in der Weimarer Republik gescheitert war, wie sollte er unter so unwahrscheinlich erschwerten Bedingungen durch einige eingeschmuggelte Druck- und Flugblätter zu einer Oppositionskraft anwachsen? Der Informationsfluß, der aus den Kontakten der Widerstandsgruppen zum Nazireich entstand, war lange Zeit von größerem Wert, bis auch er mit den Jahren immer unzulänglicher wurde. Für uns blieben diese politischen Gruppen Kontakte, die niemals zu Engagements führten.

Eine ganz andere Gruppe von Emigranten, die mit den Jahren immer zahlreicher wurde, waren die meist unpolitischen Juden, die vor Verfolgung, Demütigung, Vernichtung geflohen waren und fassungslos dem Rassenwahnsinn, dem sie plötzlich ausgesetzt waren, gegenüberstanden. Sie kamen aus allen beruflichen und gesellschaftlichen Schichten, waren von einem Kollektivschicksal geprägt, das wiederum in viele Einzelschicksale zerfiel, Schicksale, die für jeden von unvorstellbarer Tragik waren, weil sie nicht nur materiell und existentiell bewältigt werden mußten. Bis heute ist die Begegnung mit dem brutalen Ausrottungswillen der Nazis von den meisten der Betroffenen kaum verarbeitet worden. Er belastet Juden und Deutsche noch immer.

Unter diesen jüdischen Emigranten hatten wir viele Verwandte, Freunde und Bekannte. Wir waren oft sehr von ihnen in Anspruch genommen und von den Tragödien, die wir miterleben mußten, mitgenommen. Aber die seelische Belastung, die sie brachten, stärkte auch unseren Willen, aus dem Weltbild der nackten Verzweiflung herauszufinden in eine Welt des moralischen und rationalen Denkens und Handelns.

Am schwersten hatten Künstler unter dem Emigrantenschicksal zu leiden, die Schriftsteller, Journalisten, Schauspieler, bildenden Künstler, Musiker, denen das Publikum fehlte, das sie verstehen und an dem sie sich entwickeln konnten. Nur ganz wenigen gelang es, in der neuen Umwelt ein Echo zu finden. Schöpferische Kräfte siechten dahin mit kleinen Aufträgen, kräfteverzehrenden Gelegenheitsjobs. Manche verkrochen sich vor äußerer Armseligkeit in eine innere Welt.

Schriftsteller und Journalisten, auch solche mit großen Namen in der Weimarer Republik, die sich einem echten moralischen und geistigen Engagement verpflichtet fühlten und über das Geschehen jenseits der Grenze berichten und aussagen wollten, um die Welt zu warnen und den Geist zu retten, fanden kaum Verleger. Frankreich zog es vor, sich mit dem Unfaßbaren, das drüben geschehen war, nicht auseinanderzusetzen, weil es aus dem Weltbild der Franzosen heraus nicht vorstellbar war. Uns ging es damals ähnlich, als wir Hitlers »Mein Kampf« nicht zu Ende lasen und die Realität nicht erkannten, mit der man sich hätte auseinandersetzen müssen, um sie zu beherrschen. Stumm bleiben zu müssen und die schrecklichen Erfahrungen, die man gemacht hatte, nicht weitergeben zu dürfen, war ein schweres Schicksal.

Es gelang einigen wenigen, Zeitungen und Zeitschriften herauszubringen, die im wesentlichen von deutschen Lesern lebten. Georg Bernhard, der bekannte Chefredakteur der »Vossischen Zeitung«, gründete das »Pariser Tageblatt«, das bis zum Kriege bestand und manchem deutschen Journalisten Raum gab. Auch Leopold Schwarzschilds »Neues Tagebuch« war ein geachtetes Blatt, das die alten liberalen Traditionen fortsetzte. Es gab auch eine Reihe kleiner Korrespondenzblätter, die mühselig, meist im Ein-Mann-Betrieb, ihr Leben fristeten. Aber all das konnte den vielen begabten Schriftstellern und Journalisten keine Existenz und auch keine größere Befriedigung bringen. Unter den Intellektuellen und Künstlern gab es viele zerbrochene Existenzen und die meisten Selbstmorde.

Die Schicksale dieser Emigranten und die Kontakte zu ihnen wurden ein Teil unseres Pariser Lebens. Man traf sich meist in Cafés, in der »Coupole«, in »Les deux Magots«, und sprach über den moralischen und materiellen Trümmerhaufen, in dem man leben mußte. Jeder hatte andere Selbsterhaltungs- oder Selbstzerstörungskräfte, jeder durchlebte eine individuelle menschliche Tragödie, die Tragödie moralischer Kampfbereitschaft, der die Welt den Kampf nicht erlaubte.

Der tägliche Umgang mit Emigranten und Emigrationsschicksalen schuf neue Dimensionen menschlicher Beziehungen. Zunächst bewirkte der Kameradschaftsgeist einer Notgemeinschaft eine stärkere Unmittelbarkeit der Kontakte zu anderen, eine größere Zuverlässigkeit der freundschaftlichen Hilfe, menschlicher Wärme und des geduldigen Rats. Die deutsche Emigration brachte aber noch andere Akzente in diese Notgemeinschaft der Verfolgten und Verwundeten: Alle hatten ihre Standeskleidung, ihre Ruhmeskränze und ihre Besitzpodeste verloren, alle besaßen nichts mehr als den nackten Mut, weiterzuleben. Die menschliche Substanz eines jeden mit all ihren Möglichkeiten und Grenzen war leicht erfaßbar. Man erkannte unschwer Kraft und Schwächen und erwarb so eine ungeahnte Kenntnis von Menschen, zu denen man Mitleid und Toleranz entwickelte.

Das Leben mit und in der Emigration eröffnete auch zwangsläufig Einblicke in viele Länder der Welt und andere Kontinente. Freunde und Freunde von Freunden saßen in Skandinavien und England, in den USA, Kanada und den südamerikanischen Staaten, in Neuseeland und Australien. Man wurde über Lebensverhältnisse, politische Zustände, die Schwierigkeiten der Anpassung und der Existenzmöglichkeiten informiert. Die Welt, in der wir lebten, wurde immer größer und immer durchschaubarer dank der harten Erfahrungen von der Basis her, viel durchschaubarer vielleicht, als das die heutigen Reisewellen vermögen.

Die Emigranten-Notgemeinschaft wuchs auf diese Weise mit den Jahren zu einer Weltgemeinschaft und entwickelte ein Weltwissen, das aus vielen von uns Weltbürger machte.

Alte und neue Freundschaften

In dieser Notgemeinschaft, aber auch außerhalb von ihr, suchten und fanden wir auch Menschen, die denkend, aber nur sparsam redend, die Zeit, die Ereignisse, das Gastland verstehen wollten. Zusammen mit ihnen konnten wir denken, abwägen und versuchen, die Zeichen zu erkennen, die diese Zeit prägten.

Wir fanden gute Partner, zuerst unter deutschen Emigranten, später auch unter Franzosen, echte Freundschaften, die viele Jahre unser Leben begleiteten.

Für Herbert wurde Ernst Hamburger ein erster wichtiger Gesprächspartner und mit den Jahren ein enger Freund. Ernst Hamburger war viele Jahre stellvertretender Fraktionsvorsitzender der SPD im Preußischen Landtag und hatte sich still und bescheiden als wissenschaftlicher Mitarbeiter in einem historischen Institut in Frankreich eingereiht. Er verfolgte mit unermüdlicher Intensität und Fleiß die Ereignisse diesseits und jenseits der Grenzen, urteilte vorsichtig und durchdacht. Mit ihm und ihm gegenüber formulierte Herbert gerne und oft seine eigenen Gedanken in langen abendlichen Gesprächen, die immer eine gewisse Beruhigung brachten dank des Versuchs, eine emotionalisierte Zeit zu analysieren und zu verstehen.

Zu den Freunden, bei denen wir ein geistiges Zuhause fanden, gehörte auch Albert Grzesinski, einstiger preußischer Innenminister und Polizeipräsident von Berlin in den kritischen Vor-Hitler-Jahren. Er hatte von seinem französischen Kollegen, dem Pariser Polizeipräsidenten Chiappe, Wohnung und Aufenthaltserlaubnis bekommen, lebte bescheiden von Gutachtertätigkeiten, ohne jedes Selbstmitleid. Seine immer neugierige und wache Vitalität war ungebrochen. Er durchrannte und durchforschte Paris, oft mit uns, sammelte mit systematischem Eifer Informationen, sondierte sie, wog sie, besprach sie mit Freunden. Er war in all den Jahren eine Quelle menschlicher Wärme und immer eine Bereicherung. Er forderte mich mit meiner Kritik an der Politik der letzten Jahre in Deutschland, die ich nur schüchtern anzubringen versuchte, immer wieder heraus, erklärte die einschlägigen Sachlagen und politischen Umstände und endete immer mit der herausfordernden Frage: »Und was hättest du in dieser Situation gemacht?« Er gab mir gute Unterrichtsstunden in Politik.

Zu den überlegenden, emotional disziplinierten Freunden gehörte auch Victor Schiff, früherer Redakteur des »Vorwärts«, der meiner Erinnerung nach Berichterstatter für europäische Arbeiterzeitungen war. Er stand in enger Verbindung zu den Aktivisten der SPD und auch anderen sozialistischen Grüppchen, die Widerstand organisierten, dachte und urteilte rational und war uns ein guter Freund und wichtiger Informations- und Gesprächspartner.

Durch die Emigration erwuchs uns auch eine ganz unerwartete und später sogar fast familiär intime Freundschaft zu Otto Braun, bei dem Herbert fünf Jahre gearbeitet hatte. Im Sommer 1934 erreichte uns die Nachricht vom Tode seiner Frau. Dieses Ereignis mußte den nun von allen Seiten allein gelassenen und politisch schwer getroffenen Mann in völlige Einsamkeit und Bitterkeit stürzen. Die Lebenskameraden seiner politischen Vergangenheit waren jetzt Verfolgte, Flüchtlinge oder Eingesperrte. Seine Kinder waren vor Jahren gestorben. Wir waren in größter Sorge um ihn. Der Respekt vor diesem großen Staatsmann, der in einer wirren Zeit vierzehn Jahre lang ein demokratisches Preußen aufbauen und erhalten konnte, die natürliche Distanz, die dieser Respekt geschaffen hatte, verwandelten sich in eine Nähe, die den bisherigen Abstand vergessen ließ. Wir durften ihn in dieser von der Qual dieser Zeit belasteten Einsamkeit nicht ganz allein lassen. Ich fuhr unter dem Vorwand, ihn im Haushalt zu entlasten, nach Ascona, wo er sein Haus hatte. Er empfing mich höflich und kühl. Ich stand merklich seinem Bedürfnis, allein und verbittert zu sein, im Wege. Trotzdem sprach er jeden Tag etwas mehr, fragte mehr, und schließlich stimmte er meinem Vorschlag zu, die Tochter eines alten Freundes, die brennend gern Deutschland verlassen wollte, zu sich nach Ascona zu holen. Wenige Monate später kam er zu einem Besuch nach Paris, wohnte in unserer Pension, traf alte Kameraden, fragte, hörte zu und fand den Anschluß an das Leben wieder.

Herbert drängte ihn, seine Memoiren zu schreiben. Er weigerte sich lange, begann aber schließlich doch damit. Als Unterlage diente ihm das Material, das wir seinerzeit noch aus seinem Haus herausschaffen konnten. In den folgenden Jahren kam er regelmäßig nach Paris, brachte seine Manuskripte mit, die wir sorgfältig lesen und korrigieren mußten, interessierte sich für unsere Arbeit und fühlte sich durch Herberts Liebe zu ihm als sein großer Lehrmeister bejaht. Er wohnte bei uns, als wir später unsere eigene Wohnung hatten, ging ohne Französischkenntnisse auf den Wochenmarkt einkaufen, kochte Suppe, wenn ich zu viel zu tun hatte, und war für uns Vater Braun und wir seine Kinder. Durch seine Initiative kamen wir auch mit Breitscheid und Hilferding zusammen. Beide lebten vertieft in ihre Wunden und Enttäuschungen. Aus jedem Gespräch sprach Verzweiflung. Als ich Breitscheid bei einem Treffen politischer Emigranten in seiner kleinen Pariser Wohnung sah, stand er mit ausgebreiteten Armen vor dem Fensterkreuz, ein gekreuzigter Mensch, der in die Menge schrie: »Sie verbrennen Bücher, Freunde, sie verbrennen Bücher!« Der Tod des Geistes war für ihn ein Stoß in einen Abgrund, aus dem man nie wieder einen Weg heraus fand.

Hilferding dagegen hatte mehr vitale Reserven, war aber lebenstechnisch so unbegabt, daß er sich in der neuen Umwelt gar nicht mehr zurechtfinden konnte. Er kam, nachdem wir eine Wohnung hatten, oft auch allein zu uns, freute sich an gutem Essen und wahrscheinlich auch an unserer nicht deprimierenden Ausstrahlung. Er war für uns ein wichtiger Gesprächspartner in finanzpolitischen Fragen.

In Paris vertiefte sich auch unsere gute Bekanntschaft mit Max Brauer aus den Weimarer Tagen zu einer lebenslänglichen Freundschaft, die unserem Leben manche entscheidende Wendung gab. Bereits in Berlin kam Max Brauer, früher Oberbürgermeister von Altona, öfters zu uns. Seine immer von Ideen und Interessen sprühende Intelligenz und Herberts dynamisches Temperament zogen sich auch in Paris wieder an. Brauer kam aus China, wo er eine Zeitlang als Berater Tschiang Kai-scheks tätig gewesen war, lebte mit Frau und Kindern in einem kleinen Hotel nicht weit von uns, auf der Suche nach einer neuen Existenz. Trotz der Enttäuschungen, die er dabei in Paris erlebte, und trotz der Sorgen, die ihn bedrücken mußten, blieb er immer heiter und zuversichtlich, daß eines Tages der Spuk vorüber sein werde und die Rückkehr nach Deutschland vor der Tür stünde. Mit diesem unerschütterlichen Optimismus, den er sich durch die ganzen Emigrationsjahre bewahrte, hat er nach dem Krieg dem zerstörten Hamburg die ersten Silberstreifen am Horizont gebracht.

In den harten Tagen in Paris fragte Herbert ihn einmal: »Wo sind eigentlich deine zwei Millionen, die du, wie die Nazizeitungen behaupten, aus der Altonaer Stadtkasse mitgenommen haben sollst?« Er verstand nicht den bitteren Humor dieser Frage. Er entrüstete sich nur von neuem über diese Verleumdung. Diese Haltung war für die damaligen Sozialdemokraten sehr charakteristisch. Sie spiegelt den unbiegsamen Anstand und die selbstverständliche Moralität wider.

Max Brauer nahm schließlich das Angebot einer christlich-jüdischen amerikanischen Organisation an, als Lecturer, das heißt als Wanderredner, durch die USA zu ziehen und über Deutschland zu sprechen. Dank seiner immer optimistischen Selbstkonzentriertheit war diese Berufung eine sehr entscheidende politische Aufgabe, der er sich mit seiner ganzen Begeisterungsfähigkeit widmete. Als ich ihn fragte, wie er mit der andern Sprache fertig werden wolle, erklärte er selbstsicher: »Du weißt gar nicht, wie gut ich englisch spreche.« Der Freundschaft mit Max Brauer und seinem Aufenthalt in den USA verdanken wir wahrscheinlich die Flucht aus dem besetzten Frankreich und damit die Rettung unseres Lebens.

Schicksalsbestimmend wurde für uns auch die Freundschaft mit Hedwig Wachenheim. Sie gehörte damals zu den wirklich emanzipierten Frauen, die allen Konventionen trotzten und ihrem Leben eigenwillige Gestalt gaben. Aus einer großbürgerlichen Mannheimer Familie stammend, war sie bereits vor dem Ersten Weltkrieg Sozialdemokratin geworden, nach dem Krieg preußische Landtagsabgeordnete und baute mit Marie Juchacz die Arbeiterwohlfahrt auf. Sie war eine schöne, genußfreudige Frau, die ihre Wirkung sehr genau kannte, dabei von einer sehr differenzierten Intellektualität. Sie lebte über ein Jahr in unserer kleinen Pension von einer Rente, die ihre reiche jüdische Familie in Italien ihr bewilligt hatte, trotz ihres der Familie damals noch völlig unfaßbaren Abgleitens zu den Sozialdemokraten. »Jüdischer Familiensinn ist eben doch stärker als alle Meinungsstreitigkeiten«, pflegte sie festzustellen. Wir lebten Tür an Tür, erlebten und besprachen alle bestürzenden Ereignisse in der Welt, halfen und korrigierten uns. Wir gingen auch zusammen durch Paris, die Museen, durch die Cafés und in unser Vorstadtkino. Sie war heiter, weil sie diszipliniert war, und konnte lachen, weil sie das Leben liebte. Als sie nach New York ging, vergaß auch sie die guten Pariser Tage nicht, die wir zusammen verlebt haben. Später sollte auch sie einer unserer Lebensretter werden.

Ihr Freund Hans Staudinger war ein regelmäßiger Besucher, wenn er nach Paris kam. Er war Staatssekretär im Preußischen Handelsministerium gewesen, war der Schöpfer der gemeinwirtschaftlichen Betriebsform und in den Weimarer Jahren oft bei Herbert gewesen, um Probleme der Verwaltung und Wirtschaft mit ihm zu diskutieren. Wie Brauer war auch er ein strahlender Optimist, immer geladen mit geheimnisvollen, streng vertraulichen Informationen, ein Wasserfall von Anregungen und Prophezeiungen. Er war lebensfroh und sinnenfroh, und seine Besuche brachten immer einen Wirbel von Ereignissen. Er ging schließlich, einem Rufe an die »New School for Social Research« folgend, als Professor nach New York, hatte die Erinnerung an uns mitgenommen und mitgeholfen, uns im Krieg in die USA zu bringen.

So drangen in unser fleißiges tägliches Leben, das an sich schon viel Beweglichkeit erforderte und viele Anregungen brachte, auch noch die vielfältigen privaten Beziehungen mit ihren reichen menschlichen Erfahrungen und Begebenheiten. Wir lebten das weitgespannte Leben, das nur solche leben können, die nicht von der Zugehörigkeit zu einer etablierten Gesellschaft mit ihren bestehenden Verhaltensnormen, ihrem sozialen Geltungs- und Darstellungsstreben beengt sind. Man konnte vorurteilslos und beweglich menschliche Substanzen entdecken und Zusammengehörigkeiten aufbauen. Gewiß, man war heimatlos, klassenlos, Wunden leckend und immer wieder aufs neue verwundet, unsicher in einer fremden Umwelt, aber gerade auch deshalb viel sensibilisierter, um die Vielfalt und Vielschichtigkeit der Umwelt aufzunehmen und die Beziehungs- und Erfahrungsfülle in sich selber auszubauen.

Wahrscheinlich war der Zwang, am Rande einer Gesellschaft zu leben, für das weitere Dasein entscheidend prägend. Man lernte, aus sich heraus zu existieren und nicht aus einer etablierten Struktur, in die man eingefügt war. Nur eigene Initiative, Neugierde, Gestaltungsfähigkeit konnten eine Umwelt aufbauen, zu der man gehörte.

Pariser Presse

Das Jahr 1935 brachte eine erste Wende in unser Arbeits- und Privatleben. Der Aktionsradius, der sich bisher auf fünf Zeitungen erstreckt und die Berichterstattung über Frankreich und vornehmlich die französische Wirtschaft umfaßt hatte, begann, sich nach Frankreich mit Berichterstattung über Deutschland auszudehnen.

Den Anstoß dazu gab ein französischer Kaufmann, der seine bisher engen Verbindungen zu Deutschland, trotz der deutschen Devisensperre, aufrechterhalten wollte und Tauschgeschäfte anregte. Er plante, dafür mit einer Monatszeitschrift unter der Bezeichnung »Le Troc« zu werben, die neben Annoncen und statistischen Angaben aus der französischen Wirtschaft auch einen redaktionellen Teil enthalten sollte. Er bat Herbert, die Redaktion zu übernehmen. Der Auftrag wurde angenommen und ich als Mitarbeiterin angeworben. Damit wagten wir den Sprung in die andere Sprache und in eine Berichterstattung über französische und deutsche Wirtschaft. »Le Troc« erschien zum ersten Mal im Februar 1935 und beherrschte im folgenden Jahr unsere sonntäglichen Wanderungen durch die Natur, bei denen Ideen für die neue Ausgabe gesucht und besprochen wurden.

Diese Arbeit steigerte unseren Mut, französisch zu schreiben, und mit diesem Mut wuchsen auch neue Beziehungen zu französischen Blättern und Franzosen. Gelegentliche Artikel über Wirtschaft und Politik in

Nazideutschland führten schließlich zu dauernder Zusammenarbeit mit zwei führenden französischen Blättern und zu sehr freundschaftlichen Beziehungen mit den jeweiligen Chefredakteuren.

Eines dieser Blätter war die »Europe Nouvelle«, eine angesehene liberale Wochenzeitschrift, die, wie der Name sagt, Informationen über Europa geben wollte. Sie veröffentlichte einen Artikel Herberts über Finanzprobleme des Dritten Reiches und zog ihn daraufhin zu ständiger Mitarbeit heran. Er wurde regelmäßiger Berichterstatter über deutsche Verhältnisse und hatte damit endlich das Sprachrohr, um die Gefahren aufzuzeigen, die sich von Deutschland aus über die Welt ausbreiteten. Der Chefredakteur der Zeitung, Pierre Brossolette, dachte und sorgte sich auf ähnliche Art und Weise wie er und identifizierte sich daher leicht mit Herberts Ansichten.

Pierre Brossolette kam, wie Herbert, aus einer bürgerlichen, normenstreng lebenden Familie, wurde, wie Herbert, Sozialdemokrat. Der moralische Impuls, der beide geprägt hatte, war noch begleitet von einer ähnlichen intellektuellen Analytikerfreude, einem ähnlichen pragmatischen Reagieren auf die Weltprobleme, einer ähnlichen brillanten Formulierungsgabe. Aus solchen Gemeinsamkeiten wuchs rasch eine Freundschaft, das Erlebnis einer Gleichsprachigkeit im Geistigen. Wir kamen auch privat oft zusammen. Gewiß hat diese Freundschaft Pierre Brossolette manche Anregungen gebracht, für uns Emigranten aber war sie ein entscheidendes Erlebnis, das wesentlich dazu beitrug, uns als Mitstreiter im europäischen Bürgerkrieg zu erkennen.

Auch mit dem Chefredakteur des Handelsblattes »Les Echos«, dessen Mitarbeiter wir mit einer dem Blatt entsprechenden kürzer gefaßten Berichterstattung wurden, verknüpften uns bald persönliche Beziehungen. Jacques Rozner war ein Mittzwanziger, wach, intelligent und neugierig. Er war Jude und daher besonders betroffen von den Ereignissen im Nazireich. Auch er kam öfters zu uns, diskutierte die Abende mit uns. Wir verbrachten auch Ferien zusammen, er führte uns seine Freunde vor und eröffnete uns damit neue Kontakte zu einem geistigen Frankreich, das nicht neben den Problemen der Zeit lebte. Ein europäisches Zusammengehörigkeitsgefühl wurde weiter gefördert. Wir sprachen oft, ohne uns dessen bewußt zu sein, auch allein französisch miteinander. Unser Deutsch begann mit französischen Wörtern durchsetzt zu werden. Der Boden unter unseren Füßen war fester geworden, dank einer neuen Umwelt, die uns annahm und in der gleichen geistigen Sprache sprach wie wir.

Eine Brücke zu Frankreich half uns auch Anny bauen. Anny war Österreicherin, die Frau eines französischen, aus alter konservativer Familie stammenden Kunstbuchverlegers. Sie arbeitete mit ihrem Mann in seinem Verlag und beglückte ihn und die ganze Umwelt, mit der sie arbeitete, mit ihrer unkonventionellen, anmutigen, zur Bohème neigenden Intelligenz. Völlig unerwartet tauchte sie in Paris als ein Stück meiner Vergangenheit auf. Sie hatte in Graz, wo sie Kunstgeschichte studiert hatte, der gleichen sozialistischen, emotional-revolutionären Studentengruppe angehört wie ich, hatte sie allerdings bereits verlassen, um nach Paris zu gehen, als ich dazukam. Dank gemeinsamer Freunde aus dieser Gruppe wußten wir voneinander. Trotz der Jahre, die dazwischen lagen, kam in einem Pariser Café eine rothaarige Dame auf mich zu, reichte mir die Hand und sagte: »Du bist doch bestimmt die Elsbeth. Ich bin Anny.« Die Brücke zu gemeinsamen Erinnerungen wurde bald zur Grundlage einer Brücke zur Gegenwart und in die Zukunft. Die musische Umwelt, in der und mit der sie lebte, brachte viel Neues in mein Leben, aber auch ihre Lust, die Schönheiten und vielen Stimmungen dieser Welt zu genießen. Wir lebten die Frankreichjahre eng zusammen mit unseren Sorgen um den Gang der Welt, aber auch mit unserer noch jungen Freude am Leben und Genießen.

Das geistige und arbeitstechnische Hineinwachsen in Frankreich hatte die logische Folge, daß wir uns nach einem Zuhause umsahen. Wie gute Franzosen wechselten wir nicht das *quartier*. Unsere neue Wohnung lag an der Porte de Versailles im 7. Stock eines Neubaus mit Blick auf die Dächer von Paris bis hin zu den Wäldern von Meudon. Sie bestand aus einem und zwei halben Zimmern und wurde mit antiken Möbeln ausgestattet, die wir für wenig Geld am Marché aux Puces erstanden hatten. Das war damals noch ein echter »Marché aux Puces« mit getragenen Kleidern, verrosteten Nägeln, Kochtopfscherben und dazwischen auch vergammelten, aber echten antiken Möbelstücken. Ein Besucher, der diese Wohnung zum ersten Mal betrat, bemerkte: »Sapperlot, bei euch sieht es ja aus wie bei feinen Leuten.«

Mit der Wohnung wuchs auch unser geselliges Leben. Ein behagliches Zuhause zog unsere deutschen Emigrantenfreunde an, aber auch französische Freunde, deren Geselligkeit sich ja weitgehend in Lokalen abspielte. Auch einige alte Bekannte aus dem Nazireich, die sich angepaßt hatten, kamen ab und zu zu uns, ließen ihr Unbehagen an ihrem Leben voll Konzessionen durchblicken, und wir versuchten ihnen – aus Daffke – ein heiteres üppiges Leben in Frankreich vorzumachen. In Wirklichkeit war diese kleine Wohnung vollgestopft mit Sorgen und Ängsten, beunruhigenden Nachrichten und beunruhigten Menschen.

Das alte Rezept, das uns auch in den schreckerfüllten letzten Jahren in Deutschland geholfen hatte, die emotionalen Erregungen aufzufangen, die Entspannung in der Natur, wandten wir nun auch in Frankreich an. Wir mieteten ein Bauernhaus im Vallée de Chevreuse, mit Obst- und Gemüsegarten, in einer kleinen Siedlung von Kleinbauern. Jeden Freitagabend fuhren wir nach getaner Arbeit hinaus, luden alle von Zukunftsangst erfüllten Freunde übers Wochenende zu uns ein, drückten ihnen nach chinesischer Art zwar nicht Tee, aber Schaufel und Harke in die Hand und ließen sie arbeiten oder, wenn es an der Zeit war, Obst pflücken, bevor wir anfingen zu reden. Erst am Abend unter dem großen Lindenbaum wurden die Ereignisse und Informationen besprochen und bewertet. Der Lindenbaum mußte seinen Schatten über viele tragische Spannungen breiten.

Die Gefahr wächst

Der »Deutsche Volkswirt«, für den Herbert lange Zeit regelmäßig gearbeitet hatte, konnte seine Zusammenarbeit mit ihm nicht mehr aufrechterhalten. Der »Troc«, die Zeitschrift für deutsch-französische Tauschgeschäfte, wurde eingestellt. Dafür erschienen in der »Europe Nouvelle« Herberts Artikel über Deutschland regelmäßig. Auch die Zeitung »Les Echos« brachte laufend Nachrichten über deutsche Wirtschaftsfragen, Finanzprobleme, die heimliche und immer sichtbarer werdende Aufrüstung, wie sie sich an Hand der rückläufigen Arbeitslosenzahlen, der Rohstofflieferungen aus aller Welt (auch aus Frankreich) nachweisen ließ. Zu diesen Blättern kamen von Emigranten gegründete Zeitungen, Georg Bernhards »Pariser Tageblatt« und die von Münzenberg herausgegebene »Zukunft«. Auch der Handelsteil der »Straßburger Neuesten Nachrichten« wurde fast ausschließlich von Herbert zusammengestellt.

Wir arbeiteten viel und angespannt, trotz der Routine, die sich ja mit der Zeit einstellte. Die einmal erarbeiteten Themen mußten für die verschiedenen Zeitungen immer neu und anders formuliert werden. Technische Hilfen hatten wir keine außer einer Schreibmaschine. Aber wir waren jung und gesund, mit dem Willen zur Selbstbehauptung und vom Wunsche beseelt, mitzuhelfen, der Umwelt die Gesetze einer aggressiven Diktatur verständlich zu machen.

Herbert entwickelte eine erstaunliche Initiative, immer neue Stellen zu entdecken, die seine Gedanken und Informationen aufnahmen. Jede neue Schreckensnachricht steigerte seine Initiative. Er strahlte jene schöpferische Vitalität aus, die ihn niemals lamentieren ließ, sondern zum Handeln aufrief und daher Menschen anzog. Wir waren die letzten Jahre in Paris nicht mehr geduldete Randfiguren der Gesellschaft, wir lebten aktiv mit ihr in der bedrohlichen Zeit, umgeben von Menschen, die auch versuchten, diese Zeit zu bestehen.

Die Schatten der Politik, die diesen erfolgreichen Existenzkampf begleiteten, wurden immer dunkler. Bis 1936 betrachteten die Nachbarländer und auch Frankreich die Vernichtungsschläge gegen die deutsche Demokratie, die Aufhebung der Länderparlamente, des Reichsrats, das Gesetz zum Neuaufbau des Reiches, den Röhmputsch, der endgültig das Ende des Rechtsstaates demonstrierte, als innerdeutsche Angelegenheit, trotz unserer Warnungen, die keiner hören wollte.

Der Ausgang der Saarabstimmung brachte erstmalig Beunruhigung in liberale und sozialistische Kreise Frankreichs. Die nicht unbedeutenden Anti-Hitler-Gruppen im Saarland hatten einen aufreibenden Kampf gegen eine Rückgabe der Saar an Deutschland geführt. Spitzenfiguren waren dabei Max und Angelika Braun, deren leidenschaftliches Engagement, einen neuen Erfolg Hitlers zu verhindern, wir gut kannten. Sie waren öfters bei uns, und wir konnten auch in ihren Zeitungsartikeln ihre Anstrengungen verfolgen. Die französische Regierung aber erkannte das gefälschte Wahlergebnis von 90 Prozent für Hitler ohne Zweifel an. Diese neue Demonstration politischer Schwäche beantwortete Hitler kurz darauf mit einer Kündigung der Rüstungsbeschränkungen des Versailler Vertrages und führte die allgemeine Wehrpflicht in Deutschland ein.

Die Zeichen waren unzweideutig klar für alle, die sie sehen wollten. Aber wer wollte sie sehen? In der liberalen Presse begann man immerhin, das Dritte Reich in seiner Dynamik unter anderen Aspekten zu sehen, die es auch einigen Emigranten erlaubten, zu sprechen oder gar zu schreiben. Herberts erster Artikel in der »Europe Nouvelle« 1935 über die auf Expansion ausgerichtete Wirtschafts- und Finanzpolitik des Dritten Reiches wurde von vielen begrüßt.

Das wachsende Verständnis für die systematisch aufgebaute Bedrohung Europas durch das Dritte Reich fand aber noch lange keinen Eingang in die Politik der europäischen Großmächte. England schloß ein Flottenabkommen mit Deutschland, das eine Flottenaufrüstung bis auf 35 Prozent der englischen Flotte zuließ. Mussolinis Überfall auf Abessinien wurde mit unwirksamen Sanktionen beantwortet, seine Rohstoff- und Waffenlieferungen an das Dritte Reich nahmen zu. Die »Achse«, die dann im Oktober 1936 vereinbart werden sollte, begann sich vorzubereiten.

Frankreich hielt unbeirrt an seiner Politik des Nachgebens fest. Im März 1936 kündigte Hitler den Vertrag von Locarno auf und marschierte mit seinen damals noch schwachen Bataillonen in die entmilitarisierte Zone des Rheinlands ein. Mit geringem militärischen Einsatz hätte Frankreich damals einen neuen Gewaltakt und eine neue Bedrohung des Landes verhindern können. Es war nicht anzunehmen, daß der französischen Regierung das noch sehr ungleiche militärische Kräfteverhältnis nicht bekannt gewesen sein sollte, aber es war anzunehmen, daß besonders Rechtskreise in Frankreich damit rechneten, den Krieg gegen den kommunistischen Osten mit der gut aufgerüsteten deutschen Armee auszutragen. Konnten sie wirklich annehmen, daß, selbst wenn diese Rechnung aufginge, ein siegreiches Drittes Reich den Westen in der Zukunft verschonen würde?

Die Sorgen um das Heraufziehen eines neuen Weltkriegs belasteten besonders Albert Grzesinski mit seinem an Erfahrungen geschulten pragmatischen politischen Sinn. Er bemühte sich längere Zeit um eine

Unterredung mit dem damaligen Innenminister Mandel. Als er schließlich einen Termin bekam, bat er Herbert, mit ihm zu kommen. Von beiden wurde sorgfältig Material vorbereitet. Mandel nahm die Informationen höflich entgegen, ohne weiteres Interesse an einem ausführlicheren Gespräch zu zeigen. Die »Europe Nouvelle« brachte später einige dieser Unterlagen, die Herbert bis 1939 ergänzt hatte. Seine Broschüre »Le Montant et la couverture des dépenses de guerre de l'Allemagne« wurde auch von der liberalen Presse Frankreichs weitgehend besprochen und abgedruckt.

Albert Grzesinski verließ bald darauf Frankreich, nicht um einem kommenden Krieg zu entfliehen, sondern allein aus Existenzsorgen. Die USA boten ihm bessere Lebensmöglichkeiten an. Hans Staudinger hatte sich endgültig in New York niedergelassen und seine Familie nachkommen lassen. Auch Brauers Familie reiste in die USA, wo er anscheinend recht erfolgreich sein Lecturer-Dasein aufgebaut hatte. Hedwig Wachenheim brach ebenfalls ihre Zelte in Frankreich ab und ging in die USA. Der Freundeskreis der deutschen Emigranten war geschrumpft, und wir wurden immer mehr in die Atmosphäre Frankreichs hineingezogen.

Im Juli 1936 brach der Spanische Bürgerkrieg aus. Er war ein echter Klassenkrieg der adeligen und kirchlichen Großgrundbesitzer, hinter denen die Armee stand, gegen kaum bewaffnete Industrie- und Landarbeiter. Er war ein Signal für viele zur Passivität verurteilte Freiheitskämpfer, die sich in Scharen aus allen Ländern der Welt als Freiwillige zur Volksfront meldeten, darunter viele deutsche Emigranten aus Frankreich. Nach kurzer Zeit war dieser Krieg kein spanischer Bürgerkrieg mehr. Er wurde zur Generalprobe für den Zweiten Weltkrieg. Das Dritte Reich und Italien schlugen sich mit Waffenlieferungen und »Beratern« auf die Seite Francos, die UdSSR lieferte Waffen und Berater für die Volksfront. Noch einmal stand ein Menetekel deutlich an die Wand geschrieben. Es wurde wieder übersehen.

In Frankreich regierte die Volksfront mit dem Sozialisten Léon Blum als Ministerpräsidenten. Die Vermutung lag nahe, eine sozialistische Regierung werde nicht passiv zusehen, daß Menschen, die für die Ideale der Freiheit ihr Leben einsetzten, immer mehr in die Defensive gedrängt würden. Ihr dringendes Ersuchen um Hilfe und Waffenlieferungen aus Frankreich mußte logischerweise erfüllt werden. Es wurde nicht erfüllt. Léon Blum bekannte sich zur Nichtintervention mit der Begründung, daß die französische Regierung gegen jede Art von ideologischem Kreuzzug sei, der die Chancen des Friedens in Europa gefährden könne. Mit dieser Stellungnahme blieb die französische Regierung nicht allein. Auch die englische Labour-Regierung verharrte auf ihrer Frieden-um-jeden-Preis-Politik, wie es der humanistischen Tradition, aus der sie kam, entsprach.

Die Sachzwänge und aus Traditionen stammenden Bewegungsschwierigkeiten der damaligen Regierungen sind heute geschichtlich weitgehend klargestellt und belegt. In unserem damaligen, stark emotional bestimmten Gegenwartsgefühl waren sie kaum faßbare Entscheidungen. Wir waren besonders durch das uns bekannte Versagen sozialer und moralischer Kräfte vor der gerissenen Taktik gewissenloser Machtpolitiker betroffen. Wir fühlten uns wieder als Verlierer und Geschlagene, als Objekte billiger Kompromisse, die zum Versagen in eigener Sache führen mußten. Was blieb, war nur noch die bange Frage: Wird der kommende Krieg ein unaufhaltsamer Siegeszug der Diktatoren sein, oder organisieren sich die Westmächte zu einem letzten Widerstand, der zu einem der grausamsten Vernichtungskriege werden muß?

Alle Ereignisse nach dem Debakel im Spanischen Bürgerkrieg waren kaum noch Überraschungen: Der Einmarsch der Nazis in Österreich 1938, der »dem Selbstbestimmungsrecht der Völker« entsprach, die Konferenz von München, in der Chamberlain, Daladier und Mussolini die Kriegsdrohung Hitlers durch Abtretung der sudetendeutschen Gebiete der Tschechoslowakei an das Dritte Reich glaubten abgewandt zu haben, der Jubel in Frankreich und England über die vermeintlich endgültige Rettung des Friedens und die Reaktionslosigkeit der Welt auf die Ausrottung der Juden, deren Grausamkeit Goebbels planmäßig propagandistisch vorbereitete. Die letzten Schritte zu einem Krieg wurden von der westlichen Welt nicht erkannt.

Der Krieg ist da

Die Landschaft duftet und schillert in allen Farben des Spätsommers. Ich sitze allein unter dem Lindenbaum unseres Bauernhauses, das die üppig wuchernden Kressen bis unter die Dachrinne in heitere Farben tauchen. Unser Kressenhaus – fast vier Jahre lang war es für uns Flucht aus der immer bedrohlicher werdenden Zeit in eine Idylle der Natur, in körperliche Aktivität und die Beschaulichkeit der ländlichen Stille und der abendlichen Gespräche mit den bäuerlichen Nachbarn gewesen. Hier hatten auch viele angsterfüllte Menschen, die den Weg zu uns in die »Cressons« fanden, wenigstens für Stunden etwas Ruhe und Entspannung gefunden.

Das alles war nun vorbei. Der Krieg war ausgebrochen. Der Einmarsch von Nazi-Deutschland in Polen am 1. September 1939, ohne Kriegserklärung und trotz westlicher Garantien, riß dem Westen die rosa Friedensbrille von den Augen. Trotz ungenügender militärischer Vorbereitungen erklärten Frankreich und England unter dem Schock dieses frechen, demütigenden Streiches dem Deutschen Reich den Krieg.

Wir waren an diesem 1. September mit Anny in den »Cressons«, als die Nachrichten vom deutschen Einmarsch in Polen über das Radio kamen. Wir hatten gewußt, daß eine solche Nachricht uns eines Tages überfallen würde, standen aber doch vor der Wirklichkeit wie gelähmt, einer Wirklichkeit, deren schreckliche, nun kommende Wirklichkeiten noch unabsehbar vor uns lagen. Das Gespenst der Angst saß uns im Nacken, Gedanken konnten sich nur noch auf nächstliegende Handlungen konzentrieren: Zurück nach Paris.

Wir fuhren in Annys Wagen durch eine in Pastellfarben gemalte, sanft und melodisch schwingende Landschaft in eine Zukunft, die alle erdenkbaren und noch nicht erdenkbaren Schrecken bereithielt, stumm und mit leerem Blick. Was konnte in einer solchen Spannung auch gesagt werden? Die Angst kroch immer tiefer, verkrampfte unsere Kehlen. Um nicht zu schreien, begannen wir unsere alten Revolutionslieder zu singen – »Brüder zur Sonne, zur Freiheit – Wir haben der Freiheit leuchtende Fahnen hoch über unseren Häuptern entspannt – Die Internationale, das soll die Menschheit sein –«, zuerst leise, dann lauter und immer lauter. Zuletzt schrien wir diese Lieder aus uns heraus, ein Lebewohl an eine zu Ende gegangene Zeit, ein Abschied von einer blauäugigen, gläubigen Jugend.

Nach den Kriegserklärungen der Westmächte war die allgemeine Mobilisierung am Kriegsministerium an der Place de la Concorde angeschlagen. Der Platz war voller Menschen, die alle mit eigenen Augen sehen wollten, was sie nicht glauben und fassen konnten. Graue Verzweiflung zeichnete alle Gesichter, keine einzige Hurrastimme war zu hören. Ein schweres Unglück war hereingebrochen.

Ich ging traurig und müde die Seine entlang nach

Hause. Wie konnte dieses menschlich so betroffene und auf Krieg mit allen seinen Folgen so unvorbereitete Volk den eisern organisierten, selbstgefällig nationalistischen Fanatikern widerstehen, die es bald überfallen würden? Es gab nichts als die Maginot-Linie, auf die es vertraute, wie auch wir.

Am folgenden Tag erhielt Herbert einen Stellungsbefehl. Als Ausländer solle er sich sofort mit einem Schlafsack, Eßbesteck und etwas Proviant im Lager Maisons-Laffitte melden. Damit verschwand er in die Unabsehbarkeiten eines Krieges. Beim Abschied bat er mich, wegen der zu erwartenden Bombenangriffe nicht in Paris zu bleiben, sondern in unser Bauernhaus zu gehen. Ich tat es ungern, aber ich fuhr zunächst doch hinaus.

Im Sommerabend zirpen die Grillen, die Stille, die friedliche liebliche Landschaft ist ein Traum, fern aller Wirklichkeiten. Aber es gibt keinen Traum vom Paradies mehr, nur ein Grauen vor den Wirklichkeiten, die uns erwarten. Wir haben in all den Jahren Schritt für Schritt diesen Krieg auf uns zukommen sehen, den die Westmächte in seinen vielen Etappen der Vorbereitung nicht erkannten oder nicht erkennen wollten. Warum sind wir mit diesem Wissen in Europa geblieben? Wieso haben wir in den letzten, schon so hart bedrohten Jahren nicht einmal andeutungsweise daran gedacht, der Bedrohung zu entfliehen? Wie konnten wir so gegen jede Logik des Selbsterhaltungstriebs gehandelt haben?

In dieser Logik haben wir beide in all den letzten Jahren niemals gedacht und darum auch die Möglichkeit einer Auswanderung in keinem unserer Gespräche je erwähnt. Wir hatten in Frankreich eben unsere europäische Heimat gefunden, hatten uns damit in den europäischen Bürgerkrieg eingereiht und konnten und wollten uns nicht wieder in die Flucht der Heimat- und Wurzellosen hineinziehen lassen. Wir waren in Europa zu Hause und wollten mit ihm siegen oder zugrunde gehen.

Die Ruhe der Landschaft wird unerträglich. Ich gehe zurück ins Haus, setze mich an die Schreibmaschine und schreibe einen Artikel, den die »Europe Nouvelle« bei Herbert angefordert hatte. Am nächsten Tag fahre ich nach Paris zurück, bringe den Artikel zur »Europe Nouvelle«, deren Redaktion Pertinax übernommen hatte, nachdem Brossolette eingezogen worden war. Ich sage ihm, daß ich diesen Artikel geschrieben habe, weil Herbert sich in das Ausländerlager in Maisons-Laffitte begeben mußte. Er greift sofort und empört zum Telephon, spricht mit vielen Stellen und Personen und legt schließlich den Hörer mit einem kräftigen Ruck und strahlender Genugtuung auf die Gabel: »Morgen kommt Ihr Mann wieder nach Hause.«

Er kam schon am nächsten Tag zurück, sehr befriedigt, so bevorzugt entlassen worden zu sein.

Der erste Kriegswinter im verdunkelten Paris war eine unheimliche, mit Spannungen geladene unfruchtbare Wartezeit. Die Siegesmeldungen der vereinigten deutsch-russischen Angreifer überstürzten sich. Polen war innerhalb zweier Wochen überrannt, die UdSSR führte einen schwierigen, aber erfolgreichen Krieg gegen Finnland und vereinnahmte das Baltikum. Wann würde sich die siegreiche deutsche Armee mit voller Wucht gegen den Westen wenden, den Rücken frei dank des deutsch-sowjetischen Freundschaftsvertrages?

Es gab immer noch Leute mit dem Kinderglauben, der Krieg gegen den Westen werde nicht stattfinden. Es gab auch immer noch Kommunisten, die einen »übergeordneten« Sinn in der deutsch-sowjetischen Zusammenarbeit zu sehen glaubten. Es gab auch viele, viel zu viele, die die Zeit des Wartens für eine organisatorische Vorbereitung auf einen Krieg nicht nutzten.

Wie immer in solchen Übergangszeiten suchte man einen gewissen Rhythmus des Alltags zu bewahren. Wir schrieben weiter einige Artikel, sahen viele Menschen, die alle in der Erregung des Wartens das Bedürfnis hatten zu reden. Unsere französischen Freunde und Bekannten waren meist eingezogen, besuchten uns aber regelmäßig während ihrer Urlaube, vor allem Pierre Brossolette, der zwar gefaßt, aber ebenso pessimistisch war wie wir. Wir fuhren immer wieder in unser Bauernhaus hinaus, liefen viele Kilometer durch Wälder und Wiesen und saßen gern abends mit unseren bäuerlichen Nachbarn beim Aperitif. Eine zufällig erhaltene Notiz aus diesen Tagen gibt die Stimmung in diesem ländlichen Frankreich wieder:

»Sie wollten glücklich sein. In den berauschenden Märchenfarben des französischen Frühlings dachten sie an Gartenpflege, den Boulotte, an einen geruhsamen Aperitif nach getaner Arbeit und suchten zu vergessen, daß gerüstete Armeen an den Grenzen standen, daß die beginnende Kriegswirtschaft den alten Rhythmus des Lebens zu zerstören begann und daß alle Mordwerkzeuge über Nacht in Aktion treten konnten. Sie glaubten, den Kopf in den Sand zu stecken, sei die beste Waffe gegen das Unglück, das heraufzog, vielleicht sogar schon ganz nahe stand. Irgendwie glaubten sie: ›Tout s'arrangera en dernière minute.‹

Die Bäume blühten in schwerer Üppigkeit, der Himmel gab Regen und Sonne in richtigen Maßen, der Boden trieb reichlich und vielversprechend. La vie est belle.

Die Mobilisierten kamen oft auf Urlaub, braungebrannt, stämmig, ausgeruht, schimpfend, und beglückt, in den kleinen Familienalltag untertauchen zu können. Warum sollten sie nicht bald endgültig wieder zu Hause sein? On est si bien en famille.

Schluß machen mit dieser Kriegsangst und diesen Kriegsausgaben, die fanatisierte Nachbarvölker uns auferlegen wollen! Franzosen wollen Butter und keine Kanonen. ›On vit pour son plaisir!‹«

Am 10. Mai war dieser Traum ausgeträumt. Der Angriff auf den Westen begann.

Der innere Feind

Eine der ersten Attacken der französischen Republik, die Attacke gegen den inneren Feind, wurde mit einem geradezu grotesken formalen Bürokratismus geführt. Trotz monatelang veranstalteter Prüfung und Unterscheidung der Ausländer in echte innere Feinde (wie Nazideutsche, die in Frankreich lebten) und frankreichfreundliche, zuverlässige deutsche Flüchtlinge und Naziverfolgte gab das Radio am 11. Mai einen Internierungsbefehl für alle Männer und Frauen deutscher Abstammung und für Ehepartner von Deutschen bekannt. Alle wurden unterschiedslos in einem Lager gesammelt.

Die Erregung unter den politisch verfolgten Deutschen war groß. Freunde, Verbindungen wurden alarmiert. Abgesehen von der Demütigung und auch der Gefährdung, mit Nazis eingesperrt zu werden, wollten wir mitverwendet werden in diesem Krieg, der auch der unsere war, und nicht in Lagern verfaulen. Die Auskünfte waren durchaus kameradschaftlich und beruhigend: »Eine vorübergehende Maßnahme, Notwendigkeit einer neuerlichen Siebung nach den Erfahrungen in Holland und Belgien.«

Wir vertrauten nur zu gern den Zusicherungen unserer französischen Freunde, begriffen den Ernst der Kriegslage und die Zweitrangigkeit eigener Interessen. Wir wußten, daß im Augenblick nichts anderes zählte als Disziplin und Frankreichs Widerstandskraft.

Am 15. Mai begleiteten Frauen ihre deutschen Männer zu den Sammellagern, sahen sie in ihren Toren und damit irgendwo in den Krieg hinein verschwinden. Ohne dramatische Szenen gingen sie still nach Hause, fühlten ihre Schicksalsgemeinschaft mit den französischen Frauen, die ihre Männer auch dem Krieg übergeben hatten, und packten ihre Sachen für das Internierungslager, in das sie verschwinden sollten.

Am nächsten Tag lagen sie Strohsack an Strohsack im Vélodrome d'Hiver auf der Rennbahn, auf den Galerien, vier- bis fünftausend Frauen, aus vielen Nationen, vielen politischen Richtungen, vielen gesellschaftlichen Schichten, ohne Waschgelegenheit, mit gesundheitsgefährdenden Toilettenanlagen, ohne Luftschutzkeller, unter einem grauen Glasdach, von Militär bewacht. Rauchverbot, Zeitungsverbot. Man wartete auf die Siebungskommission. Sie mußte bald kommen. Dieser provisorische Zustand konnte nicht lange fortgesetzt werden. Unter uns waren Frauen französischer Offiziere und Soldaten, Frauen, die sich bereits für Hilfsorganisationen in der französischen Armee zur Verfügung gestellt hatten, Frauen bekannter und verfolgter Weimarer Politiker, Frauen, die sich einen eigenen Namen durch ihr politisches Engagement gemacht hatten. Wo blieb die Siebungskommission?

Man wartete drei, vier, fünf Tage. Sie kam nicht. Sie mußte kommen. Man wartete. Sie kam nicht.

Lagergerüchte verkündeten Unheil. Durchbruch der

deutschen Armeen in Belgien, an der Meuse. Ab und zu hörte man Sirenen. Die Gesichter der diensttuenden Militärs waren blaß und gespannt. Sie sprachen nicht.

Holländische und belgische Frauen – meist deutscher Abstammung – wurden täglich eingeliefert, bald auch belgische Flüchtlinge, schreckverzerrte Menschen auf der Flucht, die ihre Haltung bereits verloren hatten; wir konnten sie bisher noch ganz gut aufrechterhalten. Der Raum wurde zur Folterkammer. Langsam und ununterbrochen tropfte von dem grauen Glasdach Angst auf alle Köpfe. Keiner konnte diesen Tropfen entfliehen.

Einige weigerten sich, in die Internierungslager zu gehen. Sie sagten, wir sind nicht feindliche Ausländer. Unsere Männer sind zwar Deutsche, aber wir sind Französinnen, Polinnen, Holländerinnen usw. Wir gehören zu den kämpfenden Franzosen und nicht ins Lager. Auch ich versuchte zuerst, diesem Schicksal mit einem tschechoslowakischen Paß, auf meinen Mädchennamen lautend, zu entgehen.

Die Wohnungen sind einsam, Freunde sind im Lager oder nicht zu sprechen. Auch die Straßen werden einsam. Die Concierge grüßt sichtlich reserviert. Im Zeitungsladen wird die alltägliche Morgenkonversation vermieden. Gespräche verstummen überall, wo Frauen deutscher Männer auftauchen. Die Naziinfiltration, die lange vor dem Krieg in Frankreich eingesetzt hatte, hatte erreicht, daß das Volk keinen Unterschied zwischen Verfolgern und Verfolgten mehr machen konnte.

Auch mithelfen, mitarbeiten ist nicht möglich.

Das französische Rote Kreuz und die vielen Organisationen zur Flüchtlingshilfe können das Chaos und das Elend auf den Bahnhöfen und den Zufahrtsstraßen nicht mehr meistern. Alle aber weigern sich, Frauen deutscher Männer zu beschäftigen. In Fabriken werden Frauen angelernt, aber Frauen deutscher Männer werden nicht angenommen. Das Anbieten der eigenen Wohnung zur Beherbergung von Flüchtlingen aus Holland und Belgien wird zwar notiert, aber nicht in Anspruch genommen.

In den Nächten hört man Flugabwehrgeschütze. Die ersten Wagen beginnen aus Paris nach dem Süden zu rollen. Soll man versuchen wegzufahren?

Der Polizeibeamte, der *sauf-conduits* auszustellen hat, erklärt, daß Ausländer keine Reiseerlaubnis bekämen. »Sie gehören in ein Internierungslager.«

Die jeweiligen Konsulate sagen, meist selbst bestürzt über diese Tatsache, das gleiche.

»Und wenn ich nicht gehe?«

»Kann Sie jeder Polizist auf der Straße aufgreifen und in ein Lager bringen.«

Einige wurden auf der Straße verhaftet und in ein Sammellager eingeliefert. Einige wurden aus den Betten geholt und ins Vélodrome d'Hiver gebracht. Viele gingen schließlich freiwillig, im guten Glauben, daß bald eine Trennung von den Nazis, den wirklichen Feinden, erfolgen würde.

Die Wohnungen blieben offen und unbewohnt. Eine Aufforderung für Plünderer. Unsere Wohnung wurde von Nazis geplündert, alle Papiere verbrannt, alle Bücher vernichtet. Nur meinen Pelz und meine Schreibmaschine hatte sich Anny auf meine Bitte hin geholt und in die Résistance mitgenommen, in der sie untertauchte. Etwas von unserer Habe diente wenigstens der Sache Frankreichs.

Das Vélodrome d'Hiver ist voller Staub, Angst, Menschenleibern. Das Heim ein Strohsack, der Himmel ein Glasdach. Neuankömmlinge bringen Schreckensnachrichten. Die Schwüle quält, Ventilatoren funktionieren nicht mehr. Sirenentöne kreischen – dann ein Krachen – Donner oder eine Bombe? Man wagt kaum noch zu atmen. Plötzlich ein kreischender Schrei von der Galerie, er ist wie eine Erlösung, er setzt sich fort durch den ganzen Saal, über alle Galerien – eine kurze Minute nur, dank einer Maus, die im Stroh raschelte.

Am nächsten Morgen kommt die Nachricht: »Die Männerlager werden nach dem Süden verlegt.« Kurze Zeit darauf verkündet der diensthabende Offizier mit der Grazie, die Franzosen so betörend machen kann, daß die Regierung, um unsere Sicherheit besorgt, das Lager räumen und nach dem Süden verlegen wolle, wo dann die so sehnlich erwartete Siebungskommission ihre Arbeit beginnen werde: »Sie können davon überzeugt sein, meine Damen, daß der Regierung ernsthaft daran liegt, den wahren Freunden Frankreichs ihren Platz in der Gemeinschaft wiederzugeben.«

Wir werden in Autobusse mit dicht verhängten Fenstern geladen und unter militärischer Bewachung zum Bahnhof transportiert – Ziel unbekannt. Kurz darauf rollt ein gespenstischer Zug nach dem Süden, unter militärischer Bewachung, mit versperrten Türen. Nahrung wird durch die Fenster gereicht, Wasser verweigert. »Ces sont des indésirables«, schreit der Zugkommandant.

Ist das noch Frankreich, durch das wir fahren, unser Frankreich, zu dem wir gehören, mit dem wir leiden und teilen wollen? Was war geschehen? Es war Frankreich, aber ein anderes, als wir es im Frieden kannten. Der Krieg und die Niederlagen hatten es verändert. Es war ein Frankreich, daß sich nur noch angegriffen fühlte, von außen, von innen, zu Land und aus der Luft. Es war ein Frankreich, das wild und kopflos um sich schlug, ohne Schläge zu berechnen und seine wahren Gegner zu erkennen.

Wir waren unter den Opfern dieser Verzweiflung. Wir bemühten uns, uns von den Schimpfworten und Steinen, die uns nachgeworfen wurden, nicht verwirren zu lassen. Sie galten ja den andern, den Nazis unter uns. Aber wir blieben tief erschreckt von der militärischen und psychologischen Krise, in der sich Frankreich befand.

Von der Bahnstation Pau, dem südlichsten Winkel

Frankreichs, fuhren uns Autobusse aus den feindseligen Menschenansammlungen hinaus in die Natur, Bergen und Wäldern entgegen. Über uns tiefblauer Himmel, Sonne und Licht und Luft. Der Körper trinkt Weite, Farben und Licht. Werden wir in dieser erlösenden Landschaft bleiben?

Die Autobusse rollen weiter in scharfen Biegungen, fort von Bergen und Wäldern auf ein ausgebranntes Hochplateau zu. An der traurigsten Stelle, an der kein Baum mehr steht und die Berge nur noch ganz fern am Horizont erscheinen, halten sie vor roh gezimmerten Holzbaracken auf klebrigem Lehmboden – das Lager Gurs.

Lagerleben

Der rohe Bretterfußboden der Holzbaracken hat breite Ritzen, durch die Mäuse und Ameisen kriechen, das Dach hat Löcher, durch die der Regen tropft, die Strohsäcke liegen so dicht nebeneinander, daß man sein Köfferchen oder den Rucksack an das Kopfende stellen muß.

Um jeweils 25 Baracken laufen tiefe Wassergräben, Kennzeichen eines trockengelegten Moores. Zwischen den Baracken ist klebriger Boden, der sich bei Regen an den Füßen festsetzt und bei Sonnenschein staubt. Ein dreizeiliger Stacheldraht, hinter dem Militär patrouilliert, umschließt die Baracken. Es gibt viele solcher Baracken-Inseln (*ilos* genannt), nach Schätzungen 15 bis 20 für etwa 10 000 Menschen. Sie wurden 1938 für die Spanienflüchtlinge errichtet. Von ihnen waren nur noch einige alte Kämpfer übriggeblieben, die sich in relativer Freiheit bewegen konnten.

Der Anblick dieser traurigen Behausung löst Panik aus. Die Gefaßtesten rennen den Stacheldraht entlang, zehn Schritte, ein Sprung über den Moorgraben, zehn Schritte, ein Sprung, um die Erregung durch Bewegung zu beherrschen.

Die erste Nacht schliefen nur wenige.

Die erste Verzweiflung verwandelte sich am nächsten Morgen in einen fast hysterischen Tatendrang. Das Lager sollte gefälliger gestaltet und das Lagerleben organisiert werden. Die rasche Reaktionsfähigkeit vieler Frauen auf neue Lebensbedingungen, ihr Vermögen, sich anzupassen, das bereits in all den Jahren der Emigration zu beobachten war, zeigten in dieser trostlosen Situation wieder ihre gestaltende Kraft.

In ruhigen und sachbezogenen Gesprächen mit den wachhabenden Offizieren wurde erreicht, daß innerhalb weniger Tage die größten Unannehmlichkeiten beseitigt wurden. Fußböden und Dächer wurden ausgebessert, neue Latrinen gebaut, Holzbretter und Nägel geliefert, um Bänke und Tische herzustellen. Ohne viel Gerede und Planung entwickelte sich eine Arbeitsteilung. Es gab Wäscherinnen, Flickerinnen, Friseusen,

Barackenreiniger und Kartenlegerinnen. Englische, deutsche, französische Sprachkurse wurden eingerichtet. Bridge- und Skatpartien organisiert. Der Tätigkeitsdrang führte zu Gruppenkontakten, zu einem Gemeinsamkeitsgefühl, das Trost gab, aber auch einen gewissen Zwang zu innerer Haltung.

Mit Hilfe jener letzten Spanienkämpfer, die noch im Lager verblieben waren und Verbindung zu benachbarten Ortschaften hatten, wurde eine Kantine eröffnet, mit einer berauschenden Warenfülle für das hungrige Lager. Es fehlte bereits alles, von Seife über Brot bis zu Zigaretten. Der Lagerkommandant hatte seine Erlaubnis dazu sehr gnädig, aber wahrscheinlich auch sehr gern erteilt. Die Ernährung war mehr als unzureichend. Vermutlich verdienten einige ganz gut an der schmalen Kost für die Lagerinsassen, und die Kantine wußte ihre Monopolstellung mit hohen Preisaufschlägen gut auszunutzen.

Dank der Kantine kamen auch Zeitungen in das Lager. Sie gaben keinen Anlaß zu Illusionen. Aber trotz des schnellen Vormarsches der deutschen Truppen in Nordfrankreich, trotz des Rückzugs der englischen Truppen über den Ärmelkanal, schaute man aus nach Silberstreifen am Horizont, hielt sich an die »Blut und Tränen«-Rede Churchills über die Fortsetzung des Krieges auch von Kanada aus, an leidenschaftliche Bekenntnisse französischer Leitartikler über den französischen Verteidigungswillen von der Seine bis zur Loire, von der

Loire bis zur Garonne und bis zu den nordafrikanischen Kolonien. Wenn nur die Siebungskommission endlich käme, um uns wieder handlungsfähig zu machen!

Sie kam nicht.

Anfang Juni wurde der mühsam hergestellte Rhythmus unseres Lagerlebens schwer gestört. Neuankömmlinge strömten in das Lager, die Strohsäcke wurden noch enger zusammengerückt für Flüchtlinge aus dem Elsaß und aus Lothringen, zum Teil waren es Hitleranhänger, zum größten Teil aber Frauen, die einfach vergessen hatten, ihre Option für Frankreich einzureichen, und deren Kinder kein Wort Deutsch sprachen. Sie kamen mit Bündeln, verschmutzten Kleidern und ihren Kindern, erschöpft und laut klagend, in unsere Baracken. Die Kinder hatten Läuse und Krankheiten. Es wurde nichts dagegen getan. Das Essen reichte nicht mehr aus und wurde mit Wasser verlängert, die Waschgelegenheiten waren überfüllt und die Latrinen verschmutzt. Die Kantine konnte den Ansturm der schreienden Frauen und Kinder nicht mehr bewältigen. Sie wurde geschlossen. Die Zusatznahrung, die gerade jetzt besonders wichtig für uns gewesen wäre, fiel aus.

Gleichzeitig kam ein Zeitungsverbot. Stand es so schlecht in der Welt draußen hinter dem Stacheldraht? Gerüchte sickerten durch: die Deutschen in Champiègne, Senlis, Chantilly. Paris zwangsevakuiert, das Kabinett Reynaud durch ein Militärkabinett ersetzt! Wahrheiten? Gerüchte? Alle aber spürten, daß man einer

Katastrophe entgegensteuerte. Die abgeblendete Lagerbeleuchtung steigerte Spannung und Furcht.

Die politisch engagierten Frauen des Lagers machten noch einmal den Versuch, die Sache Frankreichs vertreten zu dürfen. In einem an den Lagerkommandanten gerichteten Gesuch baten sie um Verwendung ihrer Arbeitskraft in diesen schwierigen Stunden Frankreichs, gleichgültig in welcher Form und an welchem Ort, als Pflegerinnen, Landarbeiterinnen, Fabrikarbeiterinnen, möglicherweise auch unter militärischer Bewachung. Sie zeichneten dieses Gesuch mit vollem Namen. Die Antwort bestand aus einer kurzen Mitteilung: »Notiz genommen.« Das blieb alles.

Am 14. Juni besetzten die Deutschen kampflos Paris.

Am Abend erst wurde im Lager bekannt, daß deutsche Soldatenstiefel die Champs Elysées beherrschten. Die Nachricht legte sich wie eine große Lähmung über das Lager. Kaum einer sprach. Die Baracke war dunkel und sehr still. Aber man spürte die Unruhe vibrieren. Ich stand auf, durchbrach das Verbot, nachts hinauszugehen, setzte mich in der Nähe der Latrinen auf einen Baumstamm, um bei Kontrollen einen Grund angeben zu können, atmete Einsamkeit, einen hohen Himmel über mir, und versuchte nicht zu denken, aber etwas Ruhe zu gewinnen. Ein leises Schluchzen nicht weit von mir ließ mich aufmerken, und ich sah Adrienne Thomas, die einmal »Die Katrin wird Soldat«, ein herzergreifendes Erlebnisbuch eines jüdischen Mädchens im

Ersten Weltkrieg, geschrieben hatte, in der Nähe sitzen. Wir rückten zusammen, hielten uns bei den Händen und schwiegen. Es gab keine Sprache für diese Erschütterung. Wir saßen lange beisammen. Wahrscheinlich weinten wir auch. Dann sagte Adrienne mit ganz leiser, von Tränen erstickter Stimme: »Jetzt müssen wir sehr, sehr tapfer sein, Elsbeth.«

Der Stacheldraht blitzte im Mondlicht. Wir starrten darüber hinweg in das Dunkel, in das arme geschlagene Land der verlorenen Freiheit, das Frankreich hieß.

Schlafen kann man nicht mehr, weinen kann man nicht mehr. Man rennt – zehn Schritte, ein Sprung über den Graben, zehn Schritte, ein Sprung –, aber auch diese Bewegung hämmert einem das Bewußtsein, in einem Gefängnis zu sitzen, nur noch härter in den Kopf.

Ein neuer Schrecken verwandelt dieses Tief in einen sehr bewußten Selbstverteidigungswillen. Die Sureté, die französische Polizei, erscheint, um Listen über Lagerinsassen mit genauen Angaben über ihre Vergangenheit und ihre politischen Aktivitäten aufzustellen. Wozu? War das vielleicht eine Vorarbeit für die Gestapo, die in absehbarer Zeit hier auftauchen könnte? Sind wir verraten?

Der Lagerkommandant bewilligt sichtlich gern unsere Forderung, die Naziverdächtigen in eigenen Baracken unterzubringen. Wir wollten nicht von Spitzeln umgeben sein. In den Baracken der Nazianhänger, die sich freiwillig gemeldet hatten, gab es bald doppelte Strohsäcke und besseres Essen. Wir waren also verraten.

Der Stacheldraht wäre passierbar, aber wie stand es mit den Wachen an allen Seiten des Lagers? Selbst wenn die Flucht ins freie Feld gelänge, könnte jeder Gendarm, der die Papiere verlangt, uns wieder in das Lager zurückbringen. Trotzdem bleibt dieses Risiko die letzte Hoffnung. Wir zählen unsere letzten Groschen, starren hinaus zum Weg in die Freiheit und wagen kaum darüber nachzudenken, ob, wo und wie die Menschen, die wir lieben, in diesem Zusammenbruch aller Ordnungen und Werte lebten.

Den Ausweg aus dieser fast ausweglosen Situation brachte die Siebungskommission, die im Mai von dem damaligen Minister Mandel eingesetzt worden war und nun Mitte Juni, nachdem das Haus Frankreich eingestürzt war, im Lager erschien, um ihre Arbeit aufzunehmen. Sie beschränkte sich allerdings nur auf die Freilassung der Frauen französischer Soldaten. Wir waren uninteressant.

Trotzdem öffnete sie uns den Weg in die Freiheit. Entlassungsstempel und Entlassungsscheine lagen im Büro des Lagers. Wir griffen zu. Unsere Entlassungsscheine waren korrekt, nur Name und Heimatland waren falsch. Kein Gendarm konnte uns mehr ins Lager zurückbringen.

Ob der tapfere Herr Lagerkommandant bemerkt hat, daß innerhalb weniger Tage fast alle politisch gefährdeten Frauen das Lager verlassen hatten? Vielleicht wollte er es nicht bemerken. Sie stellten doch eine kleine Gewissensbelastung dar. Er war ein Ritter, aber einer mit Furcht und Tadel. Er ist gewiß nicht von den Deutschen erschossen worden, wie er befürchtet hatte.

Auch die Beamten der Sureté, die uns wie Strafgefangene über unsere politische Vergangenheit befragt hatten, dürften eine Überraschung erlebt haben. Die Listen, die sie angefertigt hatten und die fein gestapelt im Büro lagen, waren über Nacht verschwunden. Sie lagen, in kleine Fetzen zerrissen, in den Latrinen.

Der Weg in das Chaos, das Frankreich hieß, war für uns offen.

Die Suche nach der Nadel im Heuhaufen

Berichte über das Chaos brachten die Frauen französischer Soldaten, die als erste legal entlassen worden waren. Einige von ihnen kamen noch am gleichen Tag nach Gurs zurück. Das Land sei überschwemmt von Flüchtlingen aus den von Nazis besetzten Gebieten, Flüchtlingen aus Holland, Belgien, Nord- und Mittelfrankreich, aber auch von Flüchtlingen aus Polen, der Tschechoslowakei, Italien und Spanien. Sie kampierten in überfüllten Notunterkünften, in Hotelhallen, Speiseräumen der Gaststätten, sogar in den Straßen von Pau.

Gurs sei noch ein Paradies, verglichen mit dem, was sich draußen abspiele, man habe dort wenigstens ein Dach über dem Kopf und sichere, wenn auch dürftige Nahrung.

Für die deutschen Frauen, die als Nazigegner bekannt und aktiv gewesen waren, blieb nur ein Weg: mit den Entlassungspapieren, die auf falsche Namen ausgestellt waren, unterzutauchen. Nur so konnten sie die Suche nach den Ihren aufnehmen. Innerhalb weniger Tage verließen sie, meist in Zweier- oder Dreiergruppen, das Lager – Richtung Pau. Ein Weg von 60 Kilometern.

Lastwagen voll fliehender Soldaten rollten über die Straße. Die Uniformen waren ebenso abgetragen wie unsere Kleider, die Gesichter ebenso versteinert und blaß wie die unseren, der Blick in das blühende, von Schönheit strotzende Land ebenso stumpf wie der unsere. Ihr seid in der gleichen Lage wie wir, Kameraden, auf der Flucht irgendwohin. Das Schicksal hat uns in gleicher Weise geschlagen.

Einige nehmen uns ein Stück mit. Wir kommen noch am gleichen Tag in Pau an. Wir, eine Dreiergruppe, hatten Pläne gemacht, eine Liste von Bekannten und Institutionen zusammengestellt, die Auskunft über das Schicksal der Männerlager, den Stand der Waffenstillstandsverhandlungen, über die Gefahr einer Besetzung von ganz Frankreich geben konnten. Wir stießen überall auf völlige Informationslosigkeit, Verwirrung und verzweifelte Zusammenbruchsstimmung.

Ein wohlhabender Anwalt, den eine aus unserer Gruppe kannte, hörte sich mit Geduld unsere Fragen und mit sichtlicher Erschütterung unsere Lage an. »Den einzigen Rat, den ich Ihnen geben kann, meine Damen: Verlassen Sie dieses Land so rasch wie möglich. Die Gesamtokkupation kann in einer Woche erfolgen. Sie kennen die Gestapo besser als wir, sie würde Sie auch in guten Verstecken bei zuverlässigen Leuten finden. Fliehen Sie, versuchen Sie an die Westküste zu kommen, von der gewiß noch Flüchtlingsschiffe abgehen werden. Wahrscheinlich haben Ihre politisch gefährdeten Männer und Freunde auch den Weg zum Meer als die letzte bestehende Chance eingeschlagen. Vergessen Sie nicht, Frankreich ist so geschlagen, daß auch hier das Unwahrscheinliche Wirklichkeit werden kann, jeder könnte zum Verräter an sich selbst und an seinen Freunden werden. Sie werden sich bald auf nichts und niemanden mehr verlassen können. Ich wünsche Ihnen von Herzen, daß Ihnen die Flucht gelingen möge.«

Er bot uns für die Nacht Quartier an, damit wir unsere Pläne in Ruhe überdenken konnten.

Seine verzweifelte, pessimistische Beurteilung der Lage, die uns zunächst in Panik versetzte, machte in der Nacht, die wir fast schlaflos verbrachten, unsere Köpfe kühl. Wir stellten fest, daß die Waffenstillstandsverhandlungen noch weiterliefen, daß eine Gesamtokkupation im Laufe der nächsten Woche recht unwahrscheinlich war, daß, selbst wenn sie stattfinden sollte, das

Chaos im Süden Frankreichs noch lange unbeherrschbar bleiben würde und daß wir mit unseren falschen Papieren noch längere Zeit einen Bewegungsspielraum behalten würden. Um schneller Zeit zu brauchbaren Informationen über den Verbleib der Unseren zu kommen, beschlossen wir, uns zu trennen. Einer sollte versuchen, an die Küste zu kommen, um ausfindig zu machen, ob deutsche politische Flüchtlinge nach England verschifft worden waren, die andern sollten in verschiedenen Regionen Südfrankreichs bei Militärdienststellen, in Rathäusern, bei zufällig angetroffenen Bekannten in Erfahrung bringen, ob die Männerlager aufgelöst oder von den Nazis überrannt worden waren. Informationen sollten dann in Pau bei dort wohnenden Freunden abgegeben und gesammelt werden.

Ich ging zur Westküste. Der Zugverkehr war eingestellt, Taxen verkehrten nicht mehr, weil keine Reisegenehmigungen mehr gegeben wurden. Ich schnürte die wenige Habe in den Schlafsack, den ich wie einen Rucksack auf die Schultern nahm, und ging los – das Ziel etwa hundert Kilometer vor mir. Lastwagen mit Militär, aber auch Zivilisten nahmen mich streckenweise mit, die letzte Strecke nahm mich ein Taxi mit, das mit Reiseerlaubnis Kinder zu ihren Eltern brachte. Am Mittag des zweiten Tages erreichte ich Bayonne, eine Hafenstadt mit einer Reihe von Konsulaten. Der Hafen war leer. Keines der Konsulate wußte etwas von Einschiffungen deutscher politischer Flüchtlinge. Man verwies mich nach St. Juan les Pins, wo der Hafen noch in Betrieb sein sollte. Von Einschiffungen deutscher Emigranten wußte auch die Hafenverwaltung von St. Juan les Pins nichts, schloß aber die Möglichkeit nicht aus, daß ein paar Einzelgänger mitgenommen worden seien. Der Hafen war belagert von Menschenmengen. Ein letztes Schiff mit tschechischen Legionären und deren Familien sollte in wenigen Stunden abfahren. Der Kapitän des Schiffes riet mir dringend mitzukommen. Die Deutschen wurden schon morgen oder übermorgen hier erwartet.

Ich schaute eine Weile auf das Meer hinaus. Nicht ich dachte, es dachte in mir, und dieses »es« sagte mit unerschütterlicher Sicherheit: Er hätte sich nie eingeschifft und dich allein in diesem Chaos gelassen. Er ist bestimmt noch hier.

Fast heiter, entspannt nach einer schwerwiegenden Entscheidung, ging ich in eine Kaserne, die auch für Flüchtlinge offen stand – es war inzwischen Abend geworden und hatte zu regnen begonnen –, legte mich in meinem Schlafsack in eine Ecke und schlief tief und fest. Mitten in der Nacht wurde ich von Fußtritten wachgerüttelt. »Die Deutschen können jede Stunde hier sein. Es geht noch ein letzter Zug von Bayonne nach Pau. Lauf, wenn du ihn erreichen willst!«

Ich erreichte den Zug. In Viehwagen lagen und hockten wir eng aneinandergequetscht, Zivilisten, aber in der Mehrzahl französische Soldaten. Man redete kaum, fragte kaum. Aber die Soldaten teilten ihre letzten Rationen mit uns. Die Spannung, ob der Zug nicht doch von den Deutschen eingeholt würde, löste keine Hysterie mehr aus bei Menschen, die bereits mehrfach erlebt hatten, Sein- oder Nichtsein-Spannungen durchzustehen. An einer Zwischenstation erfuhren wir von dem Abschluß der Waffenstillstandsverhandlungen und der Festlegung einer Demarkationslinie, die unser Zug bereits überschritten hatte.

Wie eine plötzliche Windstille nach einem Orkan, gegen den man anzukämpfen versucht hatte, wirkte die Nachricht auf Nerven und Gemüt. Man brauchte erst mal vor den Deutschen nicht mehr zu fliehen. Neue Chancen der Beweglichkeit und des Sich-Suchens taten sich auf. Neue Pläne konnten nun gemacht werden. Ich mußte einen festen Wohnsitz unter meinem echten Namen finden und durch alle zur Verfügung stehenden Kanäle verbreiten lassen, wo ich mich befand, damit Herbert durch irgendeine dieser »Buschtrommel-Gerüchte« einen Hinweis bekommen konnte.

In Pau erfuhr ich, daß das Männerlager, in dem Herbert sich befunden hatte, rechtzeitig aufgelöst worden war. Falls er noch über die Demarkationslinie gekommen war, müßte er sich nun im unbesetzten Teil Frankreichs aufhalten – und mich suchen.

Mit Yvonne, einer alten Freundin aus Paris, die in Pau lebte, besprach ich meinen Plan. Sie gab mir den Rat, in das kleine Fischerdorf Sête zu gehen, das nicht von

Flüchtlingen überlaufen sei. Sie wollte in Pau, dem Hauptsammelpunkt der Flüchtlinge, allen Bekannten sagen, daß ich in Sête postlagernd zu erreichen sei.

Sête war ein unwirklich stilles Fischerdorf. Zwei ältere Damen boten mir ein Zimmer mit einem richtigen Bett, einer Waschmöglichkeit, Tisch und Stuhl an. Ihre Schutzheilige war die Heilige Odille, deren Prophezeiung sie mir kurz nach meiner Ankunft erzählten; sie habe den Krieg des Antichrist vorausgesagt, der die Sterne vom Himmel reißen werde, um die Erde anzuzünden und furchtbares Unheil anzurichten. Aber er würde schließlich doch von den himmlischen Heerscharen besiegt werden, und danach werde eine lange, glückliche Zeit des Friedens und der Liebe unter den Menschen anbrechen.

Ich schlief nicht ungern unter dem Schirm solcher Prophezeiungen.

Das Männerlager Maisons-Laffitte, in dem Herbert am 10. Mai in Paris verschwunden war, hatte ein ähnliches Schicksal wie das Frauenlager. Obwohl die naziverfolgten deutschen Emigranten sich als »Prestataires« der französischen Armee zur Verfügung gestellt hatten, eine Art Hilfstruppe, die im Hinterland eingesetzt werden sollte, wurden sie wahllos mit deutschen Nazis, Ausländern, mehr oder weniger suspekten, zusammengebracht. Die vielversprochene Siebungskommission kam auch hier nicht. Nach etwa einer Woche wurde es unter ähnlich unfreundlichen Bedingungen wie das Frauenlager weiter nach Süden, ins Camp de Ruchard, verlegt. Auch dort wartete man täglich auf die Siebungskommission.

Sie kam nie.

In vielen Büchern sind die Belastungen der von den Nazis verfolgten Politiker, Intellektuellen, Journalisten, Schriftsteller und sonstigen Künstler beschrieben, die im Exil wieder der Verfolgung ausgesetzt wurden, in gesteigerter Hilflosigkeit hinter einem Stacheldraht.

Herbert mit seinem Realitätssinn vertiefte sich nicht in die Beklemmungen, die der Verlauf des Krieges, die Verwirrung der Franzosen und der quälende Stacheldraht hervorrufen mußten. Er versuchte mit Hilfe äußerer Aktivität seine Ruhe zu bewahren, wurde »Chef de baraque«, organisierte den Alltag und auch bald das Büro, wohin er als Hilfskraft geholt wurde. Er vermied alle Gespräche über die vernebelten und verzweifelten Zukunftsaussichten, über Sinn und Abersinn des Lebens. Er versuchte nur, einen scheußlichen Alltag mit so wenig Emotionen wie möglich zu bewältigen.

Als die Nachricht von dem Einmarsch der Deutschen in Paris in das Lager drang, das nicht allzu weit von Paris entfernt war, betrachtete er wieder und wieder den Stacheldraht und entschloß sich, noch in der gleichen Nacht zu fliehen. Er glaubte zwar nicht an eine tückische Absicht der Franzosen, das Lager voller bekannter und sogar berühmter Nazigegner den Deutschen ausliefern zu wollen, fürchtete aber Bürokratismus, Schlamperei und Kopflosigkeit, die zu einer solchen Katastrophe führen könnten. Mit zwei anderen Lagerinsassen überwand er, wie geplant, in der gleichen Nacht den Stacheldraht und begann seinen Fußmarsch in den Süden.

Die Straßen dorthin waren von fliehenden Menschen in Autos, mit Fahrrädern, mit Handwagen und zu Fuß verstopft. Am Tage versetzte die deutsche Luftwaffe die Karawanen durch Tiefflieger in Schrecken. Die drei Männer entschlossen sich, nachts zu wandern und tagsüber, in Heuhaufen versteckt, zu schlafen. Nach einem Nachtmarsch von vierzig Kilometern, den Herbert sich und den andern abzwang, gaben seine Kameraden auf. »Warum rennst du, als ob es noch etwas zu retten gäbe? Frankreich ist überrannt. Es ist doch alles vorbei!« Worauf Herbert, wie mir einer seiner Kameraden später erzählte, ganz ruhig antwortete: »Für mich eben nicht. Ich will meine Frau noch einmal sehen.«

Er kam rechtzeitig über die Demarkationslinie und wanderte direkt nach Gurs, das in der Zwischenzeit ein offenes Lager für Flüchtlinge aller Art geworden war. Fast alle deutschen Frauen hatten es verlassen. Sehr viele hatten den Strohsack von Gurs mit einer Scheune in den umliegenden kleinen Ortschaften vertauscht. Sie fanden im allgemeinen in den Dörfern Hilfe und Sympathie. Sie warteten ja wie die Bauersfrauen auf ihre Männer, die im Krieg und über der Auflösung der Armee verlorengegangen waren.

Herbert suchte mich nicht unter ihnen, denn er war sicher, daß ich in der kritischen Zeit, bevor die Demarkationslinie festgelegt wurde, nicht im Lager geblieben wäre. Er hoffte nur, jemanden zu finden, der Auskunft geben könne, wann und in welcher Richtung ich fortgegangen sei. Nach langem Suchen erfuhr er, daß ich eine der ersten gewesen sei, die das Lager Gurs in Richtung Pau verlassen hatte.

Er wanderte nach Pau, durch das Menschengewühl in den Straßen der Stadt, suchte bekannte Gesichter, fand auch einige, von denen keiner Auskunft geben konnte, die selber auf der Suche nach jemandem waren. Alle suchten Nadeln in Heuhaufen.

Zu finden waren die Nadeln nur durch Glückszufälle. Für uns hieß der Glückszufall Yvonne. Sie radelte an Herbert, der, langsam durch die Straßen wandernd, des Rätsels Lösung suchte, vorbei, erkannte ihn, sprang ab und sprach es aus: »Sie ist in Sête, postlagernd zu erreichen.«

Herbert reagierte sofort mit praktischen Überlegungen: Wo ist Sête? Wie kommt man dahin und in welcher Zeit? Wie lange braucht eine postalische Information für Elsbeth? Nachdem alle diese Fragen geklärt waren, schickte er postlagernd ein Telegramm nach Sête: »Bin morgen Mittag Marktplatz Sête.«

Ab 10 Uhr saß ich auf dem Marktplatz und wartete.

Mittags erschien er. Er war wirklich gekommen. Ohne Zweifel habe die heilige Odille dieses Wunder des raschen Wiederfindens bewirkt, meinten unsere Zimmervermieterinnen.

Ein Wunder war es jedenfalls.

In den wenigen Tagen, in denen wir uns Ruhe und körperliche Entspannung gönnten und versuchten, Erlebtes zu verarbeiten und erste Fragen an die Zukunft zu stellen, wurde uns deutlich bewußt, wie anders unsere Reaktionen und Erschütterungen auf diese zweite Explosion waren, die wir erleben mußten und die uns wiederum in ein Leben zwischen allen Welten trieb.

Damals, 1933, standen wir unter einem Schock. Die Grausamkeit der Macht hatte uns, die recht blauäugig Lebenden, angefallen und ein Weltbild und eine Kultur zerstört, aus der wir lebten und ohne die wir nicht leben konnten. Diesmal quälten uns Schmerz und Trauer über eine Entwicklung der Dinge, die nicht aufgehalten werden konnte, Zerstörung von Hoffnungen, belastende Zukunftsaussichten. Hatten wir nun auch endgültig Europa verloren und uns selbst mit Europa?

Auf diese Frage gab es noch keine Antwort. Wir kannten den Haß, den beleidigten Stolz und die Rachegefühle der Franzosen. Wir wußten aber auch um die moralische Korruption, die brutal herrschende Macht beim kleinen Mann mit seinem Selbsterhaltungswillen erzeugt. Wir hatten auch vage, aber nicht unwahrscheinlich klingende Informationen über die Flucht führender französischer Persönlichkeiten nach England, über die ersten Widerstandsgruppen in Frankreich, aber wir wußten auch, daß solche Ansätze nur unter bestimmten Umständen zu echten Gegenkräften werden können. Wir trugen alle die »Blut und Tränen«-Rede Churchills wie ein Gebet in uns. Hätte man irgendwie mitmachen können bei diesem letzten Versuch, zu retten, was noch an Europa zu retten war, dann wäre unser verzweifelter Schmerz in Widerstand, in kämpferischen Fanatismus umgeschlagen. Aber wir waren ja nur eine Randgruppe, zum Abschlachten gesucht von den einen, nur mangelhaft geschützt von den geschlagenen und verwirrten Franzosen.

Was uns blieb, war nicht mehr als der zähe Wille, nicht kampflos Opfer der Gestapo zu werden, alles zu versuchen, uns durch das Chaos hier durchzukämpfen, und zu hoffen, daß vielleicht doch einmal – irgendwann – auch unser Einsatz wieder gefordert werden könnte.

Der lange Weg zum lebensrettenden Visum

Die Demarkationslinie und die Existenz einer französischen Regierung im unbesetzten Frankreich brachte den deutschen Flüchtlingen, zu denen nun auch noch Österreicher, Tschechen, Italiener, Holländer, Belgier und andere als Demokraten von Hitler Verfolgte kamen, eine kurze Atempause der Besinnung. Sollten sie versuchen, aus Europa herauszukommen, oder sollten sie

Kontakt zur Résistance in den jeweiligen Ländern aufnehmen, um sich dort einzureihen?

Auch für uns stellte sich die Frage, wo und wie der Krieg überlebt werden könne. Jede Entscheidung steckte voll unübersehbarer Risiken. Emotional neigten wir beide zunächst dazu, in Frankreich unterzutauchen und in Europa zu bleiben. Die Entscheidung wurde uns schließlich durch unsere in den USA lebenden Freunde abgenommen, die unsere lebensbedrohende Lage rasch erkannten und in kurzer Zeit eine Massenrettungsaktion organisierten, um die Bedrohten in die USA zu bringen. Das amerikanische Konsulat in Marseille erhielt Listen mit Namen von Flüchtlingen, die ein amerikanisches Rescue-Visum erhalten sollten, für das bereits alle vorschriftsmäßigen Affidavits beschafft worden waren. Einem Gerücht zufolge, das uns in Sête erreichte, sollten auch unsere Namen auf diesen Listen stehen.

Dieses Gerücht stand am Anfang eines fünf Monate dauernden Hindernisrennens von Südfrankreich über Spanien und Portugal in die USA. Hindernis türmte sich auf Hindernis. Alle Kraft war darauf konzentriert, immer neue Einfälle und Techniken zu entwickeln, um unerwartete Hindernisse zu nehmen, den Verfolger immer dicht auf den Fersen. Man rannte nur, man dachte nicht mehr, warum.

Fast alle Flüchtlinge, die dank dieser Hilfsaktion in die USA kamen, hatten ähnliche Hindernisrennen mit mehr oder weniger großen Schwierigkeiten, mehr oder weniger abenteuerlichen Bewährungssituationen hinter sich. Alle aber gewannen aus diesem Erlebnis die Erfahrung, was es heißt, elend, arm, verfolgt und nirgends erwünscht zu sein.

Für uns begann das Hindernisrennen schon mit der technischen Schwierigkeit, nach Marseille zu kommen. Eine polizeiliche Reiseerlaubnis, wie sie damals eingeholt werden mußte, war überhaupt schwer zu bekommen und schon gar nicht für einen deutschen Emigranten. Außerdem mußte noch ein besonderer Kontrollring passiert werden, der um Marseille gelegt worden war, um die von Flüchtlingen bereits überfüllte Stadt vor weiterem Zulauf zu schützen. Herbert, dessen Name auf den schwarzen Listen des Hitlerregimes stand, die längst der Vichy-Polizei vorlagen, konnte das Risiko nicht eingehen, von der französischen Polizei geschnappt zu werden, schon gar nicht zu einem Zeitpunkt, in dem die politische Lage sich weiter zugespitzt hatte. Die Vichy-Regierung hatte die diplomatischen Beziehungen zu England abgebrochen, nachdem die Engländer die französische Flotte, die bei Oran lag und den Deutschen übergeben werden sollte, vernichtet hatten. Wir standen also auch in Vichy-Frankreich bereits an der deutschen Front.

Die einzige Chance, von Sête nach Marseille zu kommen, bot mein Entlassungsschein aus dem Lager Gurs, der auf eine Belgierin mit dem Namen Chambon ausgestellt war. Damit konnte eine ungenehmigte Reise gewagt werden, mit dem einzigen Risiko, wieder zurückgeschickt zu werden. Es gab eine scharfe Kontrolle vor der Einfahrt nach Marseille. Als alleinstehende Frau kam ich mit Geschichtchen, Flirterei und Hilflosigkeitstricks durch die Sperre.

Die nächste hohe Hürde wartete bereits auf mich im amerikanischen Konsulat. Menschenbündel füllten die breiten Gänge des vornehmen Hauses, belagerten Büros und Schalter, fast alle Bittsteller waren schon äußerlich erkennbar als Flüchtlinge, als Vagabunden seit Wochen. Wahrscheinlich war das Konsulat diesem Ansturm nicht gewachsen, es zeigte sich aber auch kühl, ohne ein Entgegenkommen bei der Bearbeitung der Anträge dieser gehetzten Menschen. Man zeigte nur zu deutlich, wie lästig wir waren.

Als ich endlich an die Reihe kam, erhielt ich nur den guten Rat: »Demnächst wiederkommen.« Ich bat, mir das schriftlich zu geben. Man gab es mir. Damit hatte ich ein Papier in der Hand, mit dem Herbert ohne Reiseerlaubnis und ohne die Sperre um Marseille fürchten zu müssen, nach Marseille fahren konnte, und dazu die Gewißheit, daß unsere Namen auf den Listen standen.

Wir nahmen dankbar Abschied von Sête, dem noch idyllisch gebliebenen kleinen Fischerdorf, dem Ort der kurzen Windstille im Sturm von Frankreichs Zusammenbruch. Zum Abschied wurde uns in dem guten Ort noch ein unerwartetes Zeichen menschlicher Wärme und Fürsorge zuteil. Otto Braun hatte irgendwie erfahren, daß wir in Sête gelandet waren, und hatte uns postlagernd tausend Schweizer Franken überwiesen.

In Marseille überraschten uns unüberschaubare Hindernisse. Die Stadt war ein von Naziverfolgten aller Nationen überfülltes Heerlager. Sie hausten in billigen Hotels, auf den Fluren obskurer Unterkünfte, versteckten sich in Bordellen und sonstigen Unterweltsquartieren der Hafenstadt. Auch wir mußten die erste Nacht unter den Tischen eines Restaurants schlafen, bevor wir eine Unterkunft fanden. Die Zugehörigkeit zu einer Gemeinschaft, die nicht einmal mehr Randgruppe war, nur noch eine Gemeinschaft der Wurzellosen, von allen Seiten An- und Ausgespienen, deren kreatürliche und geistige Not die Umwelt nur belästigte, erzeugte eine Kraft der Wut, die stärker war als die Verzweiflung. Als letzter Dreck der Menschheit, als »Scum of the Earth« nach dem Titel von Arthur Koestlers Buch, tauchte man in eine Unterwelt des kreatürlichen Existenzkampfes, der oft gemein, oft aber auch voll gegenseitiger Hilfsbereitschaft war. In monatelangen Überlebensversuchen lernte man, mit ihr zu leben.

Das amerikanische Generalkonsulat stellte die angeforderten Rescue-Visen nur sehr langsam und zögernd aus. Die langen Wartezeiten waren für die meisten der Verfolgten eine kaum tragbare Belastung, nicht nur aus finanziellen Gründen, sondern vor allem der täglich wachsenden Lebensgefahr wegen. Die Vichy-Polizei hatte bereits damit begonnen, Naziverfolgte aufzuspüren. Man suchte deshalb nach anderen Wegen, um herauszukommen. Alle, die noch gültige Reisepässe oder sonstige anerkannte Identitätspapiere besaßen, setzten zum Sturm auf die Konsulate aller Kontinente an, nur um ein Transitvisum durch Spanien und Portugal zu bekommen und den neutralen Hafen von Lissabon zu erreichen. Wir hatten noch gültige französische Fremdenpässe und versuchten auch diesen Ausweg, in der Hoffnung, in Lissabon beim dortigen amerikanischen Konsulat leichter unsere Rescue-Visen zu bekommen.

Die Tage des Abklapperns vieler Konsulate, des Anstehens, Wartens, der oft demütigenden Behandlung, der erpresserischen Versuche ließen uns in eine bisher unbekannte Welt eintauchen, von der wir mit unserem blauäugigen bürgerlichen Anstand überhaupt nichts geahnt hatten.

Wie wir schließlich zu den notwendigen Papieren kamen, bleibt mir heute noch ein Rätsel. Mit Hilfe eines, sogar noch zu einem relativ niedrigen Preis erstandenen Besuchervisums für Siam, bekamen wir die Transitvisen durch Spanien und Portugal.

Der Ausreise stand ein neues Hindernis mit ernsten Risiken entgegen. Naziverfolgte konnten sich nicht mehr um ein Ausreisevisum aus Frankreich bemühen, ohne sich selbst der Vichy-Polizei preiszugeben. Sie mußten versuchen, illegal über die französisch-spanische Grenze zu kommen. Ein illegaler Grenzübertritt in ein faschistisches, also feindliches Land war aber kein leichter Entschluß. Es lagen zwar Nachrichten vor, daß einige es geschafft hatten, nach Lissabon zu kommen, es gab aber auch Gerüchte, daß andere in spanischen Gefängnissen verschwunden seien.

An einem strahlenden Spätsommertag stiegen wir im Morgengrauen von Cerbère, dem der spanischen Grenze am nächsten gelegenen französischen Ort in den Pyrenäen, in die Berge, auf deren Kamm die französisch-spanische Grenze verlief. Wir waren während des ganzen Aufstiegs in dem frischen, duftenden Morgen allein. Knapp vor der Grenze tauchte ein französischer Zöllner auf. Ich wollte mich auf den Boden werfen, aber Herbert meinte, er habe uns längst gesehen, wir gingen am besten auf ihn zu. Der Zöllner drehte uns den Rücken zu und ging fort. Er war noch kein Vichy-Mann. Er wollte uns nicht sehen.

Die letzten Schritte zum Kamm machten wir mit zitternden Knien und dankbarem Herzen. Vor uns im Tal lag Port Bou, der nächste spanische Grenzort, auf den wir zugehen mußten. Ein Militärmarsch trommelte zu uns herauf. »Bitte, schau nicht zurück«, sagte Herbert, »ich könnte sonst wieder zurückgehen.« Wir wandten uns nicht um, rannten, so schnell wir konnten, den Abhang hinunter, Richtung spanische Grenzstation. Alles ging ganz unerwartet gut. Wir wurden sogar freundlich und rasch abgefertigt. Erleichtert setzten wir uns in den Zug nach Madrid.

Der Sprung über einen neuen Abgrund

Das kleine Hotel in Madrid, dessen Adresse uns Freunde in Marseille mitgegeben hatten, war voll bekannter Gesichter. Hinter allen lag das Abenteuer der Flucht aus Frankreich. Es war bestanden, und wir alle fühlten uns entspannt und voll Wiedersehensfreude. Wir bummelten durch die überfüllten Straßen von Madrid, saßen in einem Straßencafé und fuhren frühzeitig heim, um uns am nächsten Morgen zur Abfahrt nach Lissabon wieder zu sehen.

Nach dieser kurzen Entspannung traf uns ein neuer Schlag, den wir eine Nacht lang glaubten nicht überstehen zu können. Mein Paß war mir in der U-Bahn aus der Tasche gestohlen worden. Die Folgen für eine Person ohne Ausweise, ohne Bekannte in der Stadt, in einem Land mit faschistischer Diktatur, waren unausdenkbar katastrophal. Wir versuchten, so gut wir konnten, sie uns nicht auszudenken, berieten alle Möglichkeiten, was in dieser Situation getan werden könne, und kamen zu dem Entschluß, zunächst zum amerikanischen Konsulat zu gehen, um Rat zu erbitten und eventuell das Rescue-Visum einzureichen, das damals in Paßform ausgegeben wurde. Friedrich Stampfer und Alexander Stein, zwei führende Politiker der SPD, die bereits das rettende Visum besaßen, kamen als Zeugen mit uns.

Der amerikanische Konsul empfing uns nach kurzer Zeit. Er hörte geduldig, ohne uns zu unterbrechen, aber auch ohne Emotionen zu zeigen, zu. Als wir fertig waren und er zu sprechen ansetzte, hingen acht Augen gespannt an ihm. »Die Geschichte ist schlimm«, sagte er, »aber ich habe keinerlei Beweise, daß sie richtig ist. Mit Marseille kann ich zur Zeit gar nicht telephonieren oder eine sonstige Verbindung herstellen. Da ich Sie alle nicht kenne, kann ich auf Ihre Aussagen hin schwerlich ein Rescue-Visum ausstellen.«

Wir waren alle viel zu müde, um unsere Angst und unsere Enttäuschung verbergen zu können. Schließlich stand ich auf: »Dann muß ich zum französischen Konsulat gehen, um dort den Verlust des französischen Fremdenpasses zu melden.« Darauf erwiderte der amerikanische Konsul scharf: »Das werden Sie nicht tun. Er ist ein Vichy-Mann.« Ein warmer Strom der Hoffnung durchlief uns. Ich lehnte mich in meinem Stuhl zurück.

Der Konsul schwieg eine lange Weile. Als er wieder zu sprechen anfing, waren es Befehle, die er gab: »Sie, Herr Weichmann, und die beiden Herren, die Sie begleiten, fahren noch heute Mittag mit dem Zug nach Lissabon. Sie dürfen keine Stunde länger als nötig hier in Spanien bleiben. Um Ihre Frau werde ich mich in der Zwischenzeit kümmern. Ich werde ihr ein amerikanisches Rescue-Visum ausstellen, mit dem sie sich in den nächsten Tagen das spanische Ausreisevisum und das portugiesische Transitvisum besorgen muß. Ich werde sie in diesen Tagen an einem sicheren Ort bei alten spanischen Loyalisten unterbringen. Sie können ruhig fortfahren. Ihre Frau steht mit einem amerikanischen Papier unter meinem Schutz. Ich stelle nur die dringende Forderung an Sie, den amerikanischen Konsul in Lissabon sofort zu veranlassen, mir das Rescue-Visum für Ihre Frau zu bestätigen.«

Es war nicht leicht, Herbert klarzumachen, daß die Situation ohne ihn leichter zu meistern sei. Schließlich gab er dem allgemeinen Drängen und den guten Argumenten nach und fuhr ab. Ich bekam noch am gleichen Tag das amerikanische Visum, verließ das Konsulat also mit einem Papier in der Hand. Ich wurde bei einer kleinbürgerlichen spanischen Familie untergebracht, deren Hausherr als Spanienkämpfer seine Stellung als Lehrer verloren hatte. Sie sprachen kein Wort Französisch und ich kaum ein Wort Spanisch, und doch konnten wir uns bis spät in die Nacht nicht trennen. Wir hatten uns so viel zu erzählen, und wir konnten uns wohl nur darum verständigen, weil uns das gemeinsame Erlebnis, »geprügelte Hunde« zu sein, eine ähnliche Sprache sprechen ließ.

Nachdem ich schließlich nach einigem Warten das portugiesische Transitvisum in meinem amerikanischen Papier hatte, ging ich ins amerikanische Konsulat, um zu erfahren, wo und wie ich das spanische Ausreise-Visum bekommen könne. »Bei der Seguridad«, sagte mir der Konsul, »aber ich gehe mit Ihnen.« Im amerikanischen Diplomatenwagen fuhren wir an dem Pracht- und Machtgebäude der Seguridad vor, gingen durch Reihen von Polizisten und Falangisten, wie in einer Kaserne, wobei mir angst und bange wurde bei dem Gedanken, ich hätte mich hier allein durchkämpfen müssen. Ohne Anmeldungsformalitäten öffneten wir eine der Türen, und der Ausreisestempel wurde innerhalb weniger Minuten in das Papier gedrückt. Wir gingen, wieder an den Reihen der Uniformierten vorbei, hinaus in freiere Luft – und die baldige Freiheit für mich. Beim Verlassen der mächtigen Freitreppe, die zum Portal des Gebäudes führte, wollte ich meine überströmende Dankbarkeit in einige vernünftige Worte fassen, als der Konsul fragte: »Haben Sie noch genug Geld für die Fahrkarte nach Lissabon?« Ich hatte noch genug Geld, aber das war in diesem Augenblick nicht das Wichtigste. Was mich mit Dank erfüllte, war seine menschliche Phantasie und Fürsorge, die so ungewohnt geworden war und dazu noch meine Lebensrettung bedeutete. Ich weiß nicht mehr, ob und wie ich Danke sagte. Ich weiß nur, daß ich mich vor dem Bahnhof auf eine Bank setzte und vor Freude, Erlösung und Erschöpfung losheulte.

Am Bahnhof in Lissabon stand Herbert. Er hatte den ganzen Tag über alle Züge, die aus Madrid kamen, abgesucht. Er strotzte vor Glückseligkeit, in der Hand eine Ananas, saftig und süß.

Lissabon war in diesen Wochen eine Stadt voller Flüchtlinge, ähnlich wie Marseille. Sie waren aber entspannter als die Menschen in Marseille, weil der Kampf um die

Papiere ausgekämpft war und man nur noch auf ein Schiff warten mußte. Wir waren in einem neutralen Land angekommen, der Feind saß uns nicht mehr auf den Fersen. Wir konnten uns in einer behaglichen Septembersonne wärmen und fröhliche, bewegte, bunte Straßen entlanggehen. Das Warten war zunächst eine willkommene Atempause. Man konnte schlafen, spazierengehen, in Cafés am Boulevard sitzen, Bekannte begrüßen, vergangene Abenteuer und Zukunftsaussichten miteinander besprechen.

Allerdings machten die Siegeszüge der Diktatoren uns immer wieder bewußt, daß wir nur auf einer zufällig noch ruhigen Zwischenstation lebten und noch lange nicht endgültig in Sicherheit waren. Die Vorbereitungen der Nazis zum Sturm auf England gingen voran. Der Abschluß des Dreimächtepakts zwischen Deutschland, Italien und Japan zur Herstellung einer neuen Ordnung in Europa und Ostasien war ein neues Alarmzeichen. Schiffe, die Passagiere mitnahmen, kamen immer seltener. Die Angst, vielleicht von hier nicht mehr fortzukommen, wuchs.

Wir wohnten in einem kleinen Hotel, das fast ausschließlich von deutschen Anti-Nazis belegt war. Der damalige Parteivorstand der SPD hatte sich dort eingemietet, er zog andere Flüchtlinge nach. Wir verbrachten Tage und Abende mit Erich Ollenhauer und seiner Familie, mit Vogel, Rinner und andern Parteifreunden, mit Konrad Heiden, dem Verfasser des mutigen Hitler-

Buches von 1932, das ihn für die Nazis zum Feind Nr. 1 gemacht hatte – er hatte sich aus unerforschlichen Gründen den jüdischen Decknamen »Silbermann« ausgesucht –, und vielen andern. Wir besprachen die täglichen Nachrichten, dachten gemeinsam über Chancen und Ziele unserer Auswanderung nach. Der SPD-Parteivorstand wartete auf ein Schiff nach England, um zur Labour-Party zu stoßen. Auch Arthur Koestler, der aus der Fremdenlegion geflohen war und, äußerlich und innerlich geschunden, in Lissabon auftauchte, wollte nach England. Die meisten aber warteten auf ein Schiff nach USA.

Wir warteten Woche auf Woche. Wir warteten auf Schiffe, denen unsere Passagen von den jeweiligen Rescue-Committees bezahlt worden waren. Das Geld für das tägliche Leben wurde immer knapper, der Zustand immer ungemütlicher. Wir hatten zwar ein Konto bei der Westminsterbank, aber als Deutsche keinen Zugang zu diesem Geld. Herbert wandte sich an die Westminsterbank mit der Bitte, unter Berücksichtigung der Umstände vielleicht doch einen Weg zu finden, unser Konto zu belasten. Umgehend schickte uns die Westminsterbank 50 Pfund – ein Vermögen, das uns von einer schlimmen Belastung befreite und uns zugleich einen moralischen Auftrieb brachte.

Moralischen Aufwind brachten einige solcher kleinen Erlebnisse. Die Ankunft eines amerikanischen Passagierschiffes gab allen, die noch Geld hatten, die Chance, nach New York mitgenommen zu werden. Fahrpreis 200 Dollar. Ein junger Arzt aus Danzig, der mit Herbert aus dem Camp de Ruchard ausgebrochen war, bot mir 200 Dollar für eine Passage für Herbert an. »Ich bin weit weniger gefährdet als er«, meinte er. Er blieb auch später in New York ein guter Freund.

Das dem Zufall preisgegebene Warten, die Passivität, in der Angst und Unruhe ertragen werden mußten, belasteten uns immer mehr. Man rannte durch die Straßen, ohne etwas zu sehen, man mied Menschen und die ewig gleiche Frage: »Hast du schon einen Schiffsplatz? Wann? Wohin?« Man vermied, über die Geschehnisse in der Welt nachzudenken und zu sprechen, weil nichts mehr vorstellbar war und man doch nur hilflos danebenstand. Warten erschien uns in diesen Tagen oft schwerer als das Hindernisrennen, das hinter uns lag.

Endlich kam die Nachricht, daß Plätze für uns auf einem griechischen Passagierschiff gebucht seien, das am 28. Oktober auslaufen sollte. Als wir an diesem Tag mit unserer Habe aus dem Hotel ausziehen wollten, erfolgte der Angriff Italiens auf Griechenland. Das Schiff wurde eingezogen. Die Fähigkeit, mit Grenzsituationen zu leben und Spannungen aushalten zu können, war von uns Hitler-Verfolgten inzwischen in hohem Maße entwickelt worden. Aber je härter diese Fähigkeit erprobt wurde, je mehr entwickelte sich eine praktische Tapferkeit, durch die allein man mit solchen Grenzsituationen fertig werden kann. Wir Nazi-Verfolgten haben diese praktische Tapferkeit mühsam erlernen müssen, und unser ganzes späteres Leben wurde von ihr geprägt.

In dieser Notsituation stellte sich ein portugiesischer Küstendampfer von 2500 Tonnen für die große Fahrt über den Ozean zur Verfügung. Die für uns gebuchten Plätze lagen je in einem Männerschlafsaal und einem Frauenschlafsaal. Wir waren froh, überhaupt fortzukommen, in Bewegung zu geraten, ganz gleich, unter welchen Umständen. Diese Bewegung löste zuerst Entspannung, dann aber eine tiefe Müdigkeit aus.

Zu der Müdigkeit kam ein Sturm. Das kleine Schiff schaukelte wie eine Nußschale. Würden wir mit diesem Fahrzeug überhaupt bis Amerika kommen? Bald fragte man auch das nicht mehr. In den stinkenden, schlecht belüfteten Schlafsälen erbrachen sich stöhnend die Passagiere. Am nächsten Morgen war die See etwas ruhiger. Ich ging zu Herbert, der grün-gelb in seiner Koje lag. »War es schlimm?« fragte ich. »Ach, das körperliche Kotzen spielt schon keine Rolle mehr«, sagte er, »ich bin seelisch total ausgekotzt.«

Wir saßen später allein am Heck des Schiffes, betrachteten den Wassergraben, den das Schiff in das Meer schnitt, und schwiegen. Die Mehrzahl der Passagiere stand am Bug des Schiffes und schaute einer neuen Heimat und einer neuen Zukunft entgegen. Wir blickten zurück auf unsere verlorene Heimat Europa und auf unsere zerstörte Zukunft dort, die sich immer weiter von uns entfernte.

Amerika

Zwischen Welten

Leben wir noch?

Ist das arme kleine Schiff mit der armen kleinen Menschenlast eine Wirklichkeit? Fährt es noch über diese Erde?

Einsamkeit umschlingt es seit Tagen immer tiefer. Wasser und Himmel – sonst nichts. Kein Lebewesen, kein Fisch, solange man auch in die Wellen starren mag.

Nebel schlucken die Horizonte, lösen alle Konturen auf. Kein fester Punkt ist mehr zu erspähen – außer Algenbündel, die im Wasser schwimmen.

Wohin fahren wir?

Nachts kriecht der Nebel vom Horizont immer dichter und dichter an das Schiff heran, schließt es ein und hebt es auf in seine Arme.

Hört man die Maschinen noch stampfen, das Wasser plätschern?

Auch das Licht aus den Kajüten hat seine Heimstätten-Klarheit verloren.

Wo sind wir?

Zwischen Welten. Zwischen Leben und Auflösung.

Man flieht das Kajütenlicht, das Wärme gibt, Gesichter zeigt und Gespräche herausfordert. Man verkriecht sich in das farb- und formlose Nichts und Etwas an Deck, in dem man unkenntlich und einsam wird. Der Nebel tut wohl. Er dämpft Affekte wie das Kajütenlicht, macht sie unwirklich und läßt eine Erschöpfung zurück, die ebenso konturen- und farblos und ebenso unendlich ist wie das undurchdringliche sanfte Grau.

Die Stunden vergehen. Keiner rührt sich. Jeder liegt stumm auf harten Brettern oder zerlumpten Decken, versunken in seine, alle Schmerzen und Affekte auflösende und in unendliche Trauer verwandelnde Andacht. Heilige Andacht, heilende Andacht, zu der nur Menschen fähig sind, die in solche Abgründe menschlichen Leides gesehen haben, wie dieser von Europa geschändete, beraubte, mit dem Tode bedrohte Haufen.

Befreiendes Hineinströmen ins Nicht-mehr-da-Sein. Kein Mord-Tod mehr, der droht. Kein Wettlauf mehr mit diesen schauerlichen Begleitern der letzten Wochen, von Gendarmerien zu Lagern, von Paßstellen zu Ämtern, von Ämtern zu Reisebüros, zu Schiffsgesellschaften, zu Postbüros, zu verbotenen Grenzstellen und Gendarmen, in Gefängnisse und wieder zu Paßstellen und Reisegesellschaften – mit leerem Magen, zerrissenen Schuhen und zerfetzten Nerven.

Ruhe, Nebel, graues Nichts. Dank. Verlaßt uns nicht. Wir sind müde. Wir haben dem Leben unseren Tribut gezahlt. Wir haben gekämpft. Warum? Worum? Wir wissen es nicht. Wir kämpften. Es ist vorbei. Wir sind müde, nur müde, wir wollen schlafen, so – weiter – schlafen.

Die Ankunft

Die Überquerung des Atlantik mit dem nur zweieinhalb tausend Tonnen großen Küstendampfer durch bewegte See, Minen- und Kriegsgefahr dauerte zwölf Tage. Die unheimliche Auflösung des Lebensgefühls in Nebel, in Willens- und Hoffnungslosigkeit mußte nun ein Ende finden. Die körperliche und geistige Erschlaffung durfte nicht mehr vorherrschen. Unsere Nußschale war auf Land gestoßen, das Leben würde wieder zu uns sprechen. Welches Leben? Welche Herausforderung?

Amerika war für uns ein weitab liegender Kontinent geblieben, ein großer leerer Raum zwischen New York und Hollywood. Auch diese Städte waren nur Namen ohne plastische Inhalte. In diesen leeren Raum sollten wir nun vorstoßen, ohne Gepäck, mit nur ein paar Adressen von Freunden, ohne Empfehlungsschreiben, ohne Existenzplan, mit abgetragenen Kleidern am Leib und einem Kapital von eineinhalb Dollar in der Tasche.

»Von was und wie sollen wir leben?« fragte Herbert mit grauen Sorgenfalten im müden Gesicht. Er war kein Eroberer mehr wie damals, als es galt, in Frankreich neu anzufangen. Er lehnte in seinem grauen Prestataire-Rock, der Uniform der Hilfssoldaten, den er im französischen Lager bekommen hatte und seit Mai während der ganzen Flucht trug, an der Reling und schaute gar nicht mehr neugierig in die Neue Welt, die uns aufnehmen sollte.

Wie anders war unser Einzug in Paris gewesen! Wir kamen mit einem Arbeitsplan und ersten, festen Ansatzpunkten, mit sauberen Kleidern, dem Trotz, sich nicht unterkriegen zu lassen, und der Neugierde, eine neue Welt zu entdecken, mit einigen Sprachkenntnissen und kulturellen Beziehungen zu dieser fremden Welt und vor allem mit einer eben noch jungen Reaktion auf eine tödliche Herausforderung. Außerdem bestand damals für uns auch nicht der leiseste Zweifel an dem Widerstandswillen und der Widerstandskraft des Westens gegen die drohenden Machtansprüche der Diktatoren.

Das Vertrauen in diese Widerstandskraft war gebrochen und damit unser Rückgrat. Hatten uns die letzten Monate nicht bewiesen, daß Demokraten gar nicht in der Lage sind, einen entschlossenen Widerstandswillen gegen ihre Herausforderer aufzubringen? Wir hatten die braven und linkischen Versuche der deutschen Demokraten, Widerstand zu leisten, erlebt und mitgemacht, hatten geglaubt, daß Solidaritätsaufrufe die von gerissenen Taktikern dirigierte Massenhysterie besiegen könnten, und sahen mit an, wie der Widerstand im Westen zum ungünstigsten Zeitpunkt – der größten militärischen Unterlegenheit der Westmächte — gewagt wurde, ohne Kenntnis der hochqualifizierten Technik und Organisation der feindlichen Armee. Kann eine aus vielfältigen Interessengruppen und Bedürfnissen bestehende Gesellschaft, die versucht, alle zu Wort kommen zu lassen, überhaupt die Konzentration und Organisation entwickeln, die allein zum Erfolg eines Gegenstoßes führen könnte? Ist nicht bereits alles verloren?

Wir kamen als Zweifler in die Neue Welt – und Weltuntergangsangst pflegt Vitalität und naive Neugierde nicht zu steigern –, als Menschen ohne Balken unter den Füßen, voll Sorge, ins Wasser fallen zu müssen. Herbert belastete dieser Zustand der vollkommenen Unsicherheit und Planlosigkeit schwer. Die handfeste Vorstellungswelt, aus der allein er leben konnte, war völlig zerronnen. Kein fester Punkt war für ihn zu erspähen, von dem aus versucht werden konnte, ein neues Leben zu zimmern. Er litt so intensiv darunter, daß auch ich mit meinem sonst viel heitereren Vertrauen in die glücklichen Zufälle des Lebens keinen tröstenden Zuspruch mehr finden konnte.

Mit dem ersten Kontakt bei unserer Ankunft in Amerika kamen unerwartet rettende Balken auf uns zu, auf denen wir die Neue Welt betreten konnten, ohne gleich unterzugehen.

Die Landungsformalitäten wurden von einem Mann der American Federation of Labor, die für eine Reihe politischer Flüchtlinge aus Frankreich Affidavit und Transport gegeben hatte, schnell und reibungslos erledigt. Wir wurden nicht neuen Verhören ausgesetzt und kamen nicht nach Ellis Island. Wir wurden nach kurzer Wartezeit vom Schiff geschleust.

Am Pier standen alte Freunde, um uns zu empfangen.

Ein Stück Vergangenheit wurde wieder Gegenwart. Hans Staudinger rief schon von weitem: »How do you like America?« Albert Grzesinski beteuerte uns, wir seien nun in dem interessantesten Land der Welt, und Hedwig Wachenheim meinte, wir müßten bald über vieles miteinander sprechen. Wir traten auf neuen, festen Boden.

Auch eine provisorische Massenunterkunft, wie sie die American Federation of Labor für mittellose Flüchtlinge vorgesehen hatte, blieb uns erspart. Ein Vetter Herberts, der bereits vor einigen Jahren nach New York gegangen war und sich als Arzt niedergelassen hatte, brachte uns in einem Mietszimmer in der Nähe seiner Praxis unter. Das Wiedersehen war für Herbert ein neuer Balken im Meer der Unsicherheiten. Gemeinsam mit ihm aufgewachsen, in der Jugend von Herbert sehr bewundert, war dieser Vetter ein Stück Vergangenheit und Verwandtschaft zugleich. Er gab uns das Gefühl der Wärme und der Zusammengehörigkeit.

Die Brownstone-Häuser, die damals noch die West Side New Yorks verschönten und in denen wir eine Bleibe gefunden hatten, stammten aus der holländischen Zeit, hatten den Stil behäbiger Einfamilienhäuser, waren aber für amerikanische Verhältnisse hoffnungslos veraltet und nur noch von Randgruppen bewohnt. Für uns in unserem damaligen Zustand hatten die großen hohen Räume mit den alten, etwas verwohnten Möbeln einen leichten Geruch des heimischen Europa an sich.

Die technische Einrichtung war mit Gaskocher, Dusche und einem uralten Gaskühlschrank für uns, die wir aus Schlafsäcken, Straßengräben, Massenlagern kamen, geradezu luxuriös. Jeder Aufstieg ist eben nur von dem Standort aus zu messen, von dem man aufsteigt.

Wir waren auch bald wieder gut gekleidet. Die in den Vereinigten Staaten auf Hochtouren laufende Verbrauchswirtschaft erlaubte auch Minderbemittelten raschen Kleiderwechsel. Getragene Garderobe war in Hülle und Fülle vorhanden und sorgfältig von unsern Freunden gesammelt worden, um den abgerissenen Ankömmlingen zu helfen. Die alte Decke, die ich bei meiner Ankunft in New York im November über das dünne Sommerkleid geschlagen hatte, war bald durch einen Pelz ersetzt. Herbert konnte seinen abgetragenen Prestataire-Rock verbrennen und sich wieder »wie ein Herr« kleiden. Auch diese von »Herrschaften« abgelegten Kleider trugen ihren Teil zur Normalisierung unseres Lebensgefühls bei.

Wichtig für diese Normalisierung waren auch die vielen Bekannten, die vielen Neugierigen, die vielen alten Freunde und Verwandten, die wir in New York vorfanden und die uns mit Einladungen überschütteten. Verwandte Herberts und während der Jahre des Exodus aus Deutschland verlorengegangene Freunde und Bekannte begrüßten uns freudig. Mit vielen deutschen Sozialisten, die vor uns in die Staaten gekommen waren, feierten wir Wiedersehen, mit deutschen und französischen Journalisten und Intellektuellen, die aus Frankreich hatte fliehen können. Die vielen alt-neuen Kontakte erregten und beruhigten zugleich. Auch die frühen deutschen Wirtschaftsemigranten der zwanziger Jahre kamen auf uns zu, aus dem vornehmlich von Deutschen bewohnten York Town, und übernahmen Patenschaften für die neuen Emigranten. Unser Pate war ein blonder, breitschultriger Tischler, der uns gute, handfeste Ratschläge gab und uns anfänglich oft besuchen kam, um sich nach unseren Bedürfnissen zu erkundigen. Seine Frau versorgte mich mit Kochtöpfen und amerikanischem Wohlstand von Woolworth, lud uns zu Kaffee und Kuchen um den deutschen Eßtisch in der Zimmermitte ein und erzählte gerne und viel von dem Leben der deutschen Kolonie.

Wir lernten den sozialen Stellenwert von Randgruppen in den Vereinigten Staaten kennen, die den Mutterboden für eine nächste Generation von Vollamerikanern bildeten, für die die Heimatländer nur noch Erinnerungen der Eltern blieben. Sie waren für die meisten Einwanderer gleichsam die erste Anpassungsphase an das neue Land, die nur von einigen wenigen innerhalb von Jahren überwunden werden konnte, von den meisten aber erst in einer Generation. Alle Amerikaner waren schließlich aus solchen Randgruppen herausgewachsen und betonten ihre Herkunft gern und mit Stolz. Als La Guardia, der große und geliebte Bürgermeister von New York, Anfang der vierziger Jahre starb, wurde im Nachruf betont: »Er war halb Italiener und halb Jude und im ganzen ein großer Amerikaner.«

Die USA hatten den Nationalismus, der jetzt Europa zu vernichten drohte, nie gekannt.

Die vielen Einladungen und Beziehungen, so wichtig sie anfangs für uns waren, verloren nach relativ kurzer Zeit an Bedeutung. Wir konnten nicht mehr berichten und reden, konnten auch kaum mehr fragen, weil wir bereits mit guten Ratschlägen überfüttert waren.

Das Bedürfnis, uns auf uns selbst zurückzuziehen, wurde immer stärker. Die Einladungen von Amerikanern, die wir zuerst sehr begrüßten, sagten wir bald ab. Wir waren noch viel zu weit entfernt vom »American Way of Life«, von den Reaktionen der von ihrem Land geprägten Einwohner. Wir benahmen uns in ihren Augen wahrscheinlich ebenso schlecht, wie sie in den unsern. Nach einer Einladung bei einem reichen Amerikaner, mit aufdringlicher Liebenswürdigkeit für die »armen Leute«, stopfte der Gastgeber Herberts Taschen mit Zigarren voll. Herbert wurde blaß und legte sie alle wieder säuberlich auf den Tisch zurück. Der Hausherr sah ihn fassungslos an. Er hatte es bestimmt gut gemeint. Ich wurde bei einem Damentee gefragt: »Have you been tortured?« Ich wollte aufschreien, ging aber still hinaus zur Verwunderung der Damen, die doch alle nett zu mir sein wollten. Kontakt zu Amerikanern fanden wir erst viel später, als wir zu arbeiten begannen und sie von der Basis her kennenlernten.

Erste Eingliederungschancen

Manfred George, ein bekannter und anerkannter Ullstein-Journalist aus Berlin und ein alter Kollege Herberts aus seiner Journalistenzeit als Berichterstatter der »Vossischen Zeitung«, bot Herbert eine Mitarbeit an seiner Wochenzeitschrift »Der Aufbau« an, mit einem gerade das Existenzminimum sichernden Gehalt, aber auch der Chance, an einem interessanten und erfolgreichen Experiment der deutsch-jüdischen Emigration mitarbeiten zu können. »Der Aufbau« war ursprünglich ein kleines Mitteilungsblatt des alten German-Jewish Club, aus dem Manfred George eine Wochenzeitung machen konnte dank des wachsenden Zustroms deutscher Intelligenz und deren Informationsbedürfnis. Bei unserer Ankunft war die Wochenzeitung bereits zu einem Weltblatt geworden, das in 45 Ländern gelesen wurde. Dank der vielen guten Schriftsteller, Journalisten, Künstler und Wissenschaftler, die nach dem Zusammenbruch Frankreichs in die Vereinigten Staaten kamen und im »Aufbau« ein erstes Sprachrohr fanden, erreichte das Blatt ein kulturelles und sprachliches Niveau, daß das »andere« Deutschland repräsentierte, im Gegensatz zu Geist und Sprache, wie sie im Dritten Reich praktiziert wurden. Herbert konnte sich in Verwaltung und Redaktion des »Aufbau« sicher bewegen.

Mit der wachsenden Bedeutung des »Aufbau« und der steigenden Zahl deutscher Emigranten bekam auch der alte German-Jewish Club eine neue Bedeutung. Er wurde Forum und Treffpunkt, nannte sich fortan »New World Club«, bot Kontakte, Vorträge und alle Arten von Veranstaltungen. Herbert bemühte sich um den Auf- und Ausbau des »New World Club« als einer Brücke, die Neuankömmlingen helfen sollte, den Weg in die amerikanische Umwelt zu finden.

Auch mir wurde unerwartet ein Weg gewiesen. Ein alter Bekannter aus der Berliner Zeit, der noch vor Hitler in die Vereinigten Staaten gegangen war und als Professor an der New York University lehrte, empfing mich mit einem Berufsplan in Form eines Marschbefehls. »Du kannst hier nicht als Journalist arbeiten, weil du die Sprache nicht kannst, die Wirtschaft dieses Landes nicht kennst und schon gar nicht die Technik beherrschst, dich hier durchzusetzen. Du mußt etwas Neues lernen, eine Prüfung in diesem Land ablegen, damit dir Jobmöglichkeiten geboten werden. Du wirst ab morgen an der New York University einen Kurs in Business Statistics besuchen und nach einem halben Jahr eine Abschlußprüfung machen. Du bist bereits eingeschrieben, und die Gebühren sind bezahlt.« Es gab keine Möglichkeit eines Widerspruchs. Mein schüchterner Hinweis auf sprachliche Schwierigkeiten wurde abgewiesen mit der Begründung, daß ein Fachgebiet nur einen begrenzten Wortschatz verlange, der rasch erlernbar sei. Weißt du denn, wie blöd ich mit Zahlen bin, wie müde ich bin, wie winzig klein mein Selbstvertrauen geworden ist? dachte ich bei mir. Laut sagte ich nur, daß ich es versuchen werde.

Starthilfen, denen man ausgeliefert ist, wirken nicht nur wohltätig. Man bedankt sich gewiß gerne. Aber Wohltaten machen auch bewußt, wie sehr man zum Objekt geworden ist, gelenkt und abhängig, zum Danke-Sagen verurteilt, weil es bei der Unkenntnis des Landes, der eigenen Hilflosigkeit und inneren Unorientiertheit noch keine anderen Möglichkeiten gibt. Wir redeten uns gegenseitig gut zu, diesen unbefriedigenden Zustand als eine Herausforderung anzusehen, aus ihm herauszukommen und das Leben wieder aus eigener Initiative zu meistern.

Herbert übernahm seine Aufgabe im »Aufbau« mit dem ihm eigenen konzentrierten Fleiß. Er lernte die USA aus der Erlebniswelt der Emigranten kennen, ihre technischen und seelischen Anpassungsschwierigkeiten, die Mühen ihres Abschieds von einer Welt, zu der sie einmal gehört hatten und nun nicht mehr gehören durften. Das Milieu war wahrscheinlich besonders am Anfang wichtig für ihn, weil durch die Fülle der Schwierigkeiten, die er bei anderen erlebte, die eigenen eine andere Perspektive bekamen. Eine wichtige Bereicherung, die ihm sein Job brachte, war der Zugang zu politischen Nachrichten, ohne die Menschen unserer Vergangenheit nicht leben konnten. Amerikanische Zeitungen konnten wir nur unzulänglich lesen und die politischen Radionachrichten noch nicht von Werbung unterscheiden. Herberts Verbindung zur Zeitung, zu Journalisten und vielfältigen Informationsquellen erlaubte uns, die Brände in der Welt mühelos und genau zu verfolgen und auch erste wichtige Einblicke in amerikanische Politik und Wirtschaft zu bekommen. Ein wirksames Mittel zur Steigerung der Vitalität und des Willens zu Anpassung oder Existenzgründung war diese Nachrichtenflut über den siegreichen Vormarsch der Diktatoren bestimmt nicht.

Meine Erfahrungen als mittelalterliche Studentin an der New York University waren erfreulicher. Ich saß unter ganz jungen Leuten, fiel aber gar nicht auf, weil das Studium Erwachsener in den Vereinigten Staaten nicht so selten war. Die jungen Studenten bemerkten aber, daß ich Schwierigkeiten hatte mitzukommen. Sie boten sich an, mir zu helfen, radebrechten Deutsch oder Französisch, wenn mein Englisch nicht ausreichte, erklärten mir in der ersten Zeit die Unterrichtsinhalte nach jeder Vorlesung geduldig und freundlich. Ohne diese so selbstverständlich und kameradschaftlich angebotene Hilfe hätte ich meine Prüfung wohl nie bestanden. Wir saßen auch öfters zusammen im Café, sie stellten mir Fragen und ließen sich befragen. Die Beziehungen wurden fast freundschaftlich. Aber nach der Gemeinsamkeit im Hörsaal fiel alles wieder auseinander, eine Erfahrung, die ich in den Staaten noch sehr oft machen sollte. Das Leben in New York ist eben zu facettenreich und verläuft zu schnell.

Im Anschluß an das Studium bekam ich eine weitere Kostprobe vom Facettenreichtum der Neuen Welt. Ein staatliches Rehabilitation Center (ein Heim für gefallene Mädchen) wollte einen Bericht über pädagogische Erfolge über einen Zeitraum von fünf Jahren erstellen. Man bot mir freie Logis und Kost und ein kleines Taschengeld. Ich nahm an, das heißt, ich mußte den Auftrag annehmen. Er bedeutete für mich den ersten Nachweis über einen Job in den USA. Diese Arbeit versetzte mich für zwei Monate zwischen freundliche Heimbetreuerinnen mit puritanischer Moral und Starrheit und kleine verdorbene Mädchen aus der Unterwelt New Yorks, Diebinnen, Prostituierte, die zugleich Anpassung spielen und Eigenleben mit gerissener Vitalität behaupten konnten. Sie lebten in sogenannten Familien, das heißt kleinen Häusern mit je zehn Jugendlichen und einer Heimmutter. Jeden Abend durfte ich eine andere »Familie« besuchen, mit den Mädchen plaudern oder etwas erzählen. Sie korrigierten jubelnd mein Englisch und fanden bald heraus, wie unsicher ich mich bewegte, eingekeilt zwischen Moralpädagogik und Aufsässigkeit. Einige durften mir bei den Vorarbeiten zu dem Bericht helfen, wobei ich Aufklärungsunterricht über die New Yorker Unterwelt und ihre Gesetze bekam. Sie wollten mich einführen ins amerikanische Leben, wie sie es eben kannten. Wenn Herbert gefragt wurde, wo ich denn sei, sagte er: »Bei den gefallenen Mädchen«, worauf keiner wagte, nähere Fragen zu stellen, weil in unserer Vagabundenexistenz schließlich alles möglich geworden war.

Im November 1941 kam ich wieder nach New York zurück, amüsiert, aber keineswegs fasziniert von der neuen Welt, in die uns hineinzuleben nun unsere Aufgabe war.

New York – Anregung oder Alptraum?

Zufällig traf ich eines Tages Adrienne Thomas im Labyrinth der Untergrundbahn am Times Square. Im Hin- und Rückstrom der Menschenmassen in den breiten unterirdischen Gängen hörte ich eine Stimme, die wie der Schrei eines Ertrinkenden klang: »Elsbeth!« Weinend stand Adrienne zwischen Menschenmengen, die nach zwei Richtungen fluteten und sie nach links und rechts rissen. »Bring mich weg von hier, ich kann nicht mehr! Bring mich fort aus diesem Babel, diesen Betonklötzen, die den Himmel zerkratzen, diesen rücksichtslosen Menschenherden, diesen lauten Straßen und den blödsinnigen und kreischenden Reklamen. Ich gehe hier zugrunde.« Natürlich ging sie nicht zugrunde und lernte es, in New York zu leben. Es war aber eine schmerzliche Anpassung.

In Down-town begegnete mir ein junger Bekannter, Schlosser von Beruf, der mit uns auf dem portugiesischen Luxusliner nach New York gekommen war. »Ich versuche diese Stadt zu verlassen. Sie ist mir unheimlich fremd. In kleineren Städten kann man wahrscheinlich schneller heimisch werden.«

Für viele war New York zunächst ein Alptraum. Auch für Herbert. Es begann für ihn mit dem Kampf um einen Stehplatz, eingequetscht zwischen Menschenleibern in der Hauptverkehrszeit. Einen Abendbummel über den Broadway schlug er entrüstet ab: »Er reizt mich, er beruhigt nicht.«

Für das europäische Strandgut der letzten Monate waren die Dimensionen dieser Stadt in allen Bereichen zu gewaltig, zu fremd, zu laut und unruhig. Wenige sprachen es aus, die meisten versteckten ihre Verklemmungen hinter Lob und Dank für die Lebensrettung und die persönliche Freiheit, mit der sie sich bewegen durften. Über diesen New York-Schock der Entwurzelten und Ausgelaugten ist daher auch wenig in den vielen Berichten aus der Emigration gesagt worden. Die meisten der in den Vereinigten Staaten Gebliebenen haben mit der Existenzgründung und langsamen Anpassung die Erinnerung daran verloren. Der Schock New York gehörte zu der ersten schweren Zeit, die überwunden werden mußte.

Herbert hat jahrelang versucht, diesen ersten Schock, den der Riesenbetonbehälter mit seinen quirlenden Menschenmassen ihm versetzt hatte, zu überwinden. Er brach auch Jahre später immer wieder einmal durch und mit ihm die Sehnsucht nach den organisch gewachsenen

Städten in Europa, in denen auch Stille und Zugehörigkeit zu finden waren. In New York fand er sein Zuhause immer nur in sich selbst.

Einige alte Tagebuchblätter, die durch Zufall zwischen alten Briefen auftauchten, geben die Stimmung wieder, in die nicht nur mich das Phänomen New York in diesen ersten Monaten versetzte: »Der Nordwind ist feindlich, die Menschen fremd und kalt in ihrem ständigen Gehetze, die vielen Hochhäuser rationale Ungeheuer, die den Himmel aufspießen. Kein Ruhepunkt. Nicht das kleinste entspannende Erlebnis in den Straßen. Man hetzt aneinander vorbei. Time is money. O Paris, Prag, Warschau, Brüssel, Amsterdam, London, was für Schatzkammern des Erlebens seid ihr gewesen, was für Kraftquellen der Anregung, der Neugierde und Schönheit! Es ist alles vorüber, ist Vergangenheit, auf die Bomben regnen. Ihr lebt in alter Pracht nur noch in einigen wunden Menschenherzen, einigen armen, billigen Zimmerchen, von armen entwurzelten Emigranten mit Erinnerungen tapeziert, gespenstischen Erinnerungen, in denen kaum noch Blut zirkuliert, von denen keine wärmende Kraft mehr ausgeht, nur heimwehwunde Verzweiflung.

Nein, ich bin nicht stumpf vor dem Anderen, dem Neuen, in das ich jetzt gestellt bin. Ich bin wirklich bereit, es aufzunehmen in mein Leben, mich dazu zu stellen, wenn ich nur die ersten schmalen Zugänge dazu fände. Ich brauche eben noch etwas mehr als ›go ahead‹,

›keep smiling‹, ›forget about it‹. Der kalte Wind hatte sich gelegt, die ruhig gewordene Luft wurde sonnendurchwärmt und friedlich, die zahllosen Fenster warfen Sonnenstrahlen in die Straßen, und der Himmel goß die starken Bewegungen und Reflexe des Meeres, das unter ihm lag, in die starken Bewegungen der Stadt. Ich spürte wieder die Kraft, die von diesem riesigen Ameisenhaufen ausging, und war traurig, weil ich diese Kraft wohl bemerkte, sie aber in keiner Weise als Anregung für mich empfinden konnte. Sie machte mich nur neidisch und erschlug mich.

Ein neuer kalter Windstoß jagt mich in die Public Library. Die gepflegte Solidität, die Raumfülle, die peinlich befolgte Stille in den weiten Sälen und Gängen vermitteln den Eindruck geistiger Würde. Public, das ist Volk, das ist Amerika, das gehört dem Volk. Die Public Library in New York ist wirklich etwas ganz anderes als die Staatsbibliotheken in der europäischen Welt. Da gibt es keine vordergründigen nationalen Spezialisierungen und auch keine verstaubte mittelalterliche Organisation. Alles ist international und übersichtlich geordnet. Es ist einfach alles da, was je in der Welt gedacht und geschrieben wurde, und dazu von jedem auch leicht zu finden, der das Alphabet beherrscht. Keine morosen alten Männer tragen langsam und uninteressiert die Bücher herbei. Aber junge geschulte Bibliothekare helfen, beraten, geben gerne Auskunft. Kein Kampf mit Zetteln und Wartezeiten. Alles lädt ein: Lies, lerne, nimm auf, die

Welt ist groß und interessant, pack zu, wir machen es dir leicht.

Ich stürze mich auf den erstbesten Karteikasten, ganz ohne Wunsch und Plan und lese Namen mit H – Hegel, Hofmannsthal, Hugo – Victor Hugo, ›Les Châtiments‹. Wie lange hatte ich ihn nicht in der Hand gehabt? Zur Zeit der Volksfront in Frankreich wahrscheinlich, als mir ein französischer Freund sagte: ›Die Deutschen hatten eben keinen Victor Hugo, darum sind sie auch gläubige Faschisten geworden.‹ Richtig, die Deutschen hatten wirklich keinen Victor Hugo, und die Franzosen hatten ihn – und doch kam es, wie es kam.

O France à l'heure où tu te prosterne
le pied d'un tyran sur ton front

Ich kämpfe mit Tränen. Es ist nicht unwürdig, über solchen Verlust zu weinen.

Et si ceux qui vivent moureront
ceux qui sont mort reviveront

Werden sie wirklich wiederauferstehen, die vielen Toten, die mutigen Toten, die stolzen Toten? Für die ganze Welt und in uns selbst?

Plötzlich empfinde ich diesen emotionalen Ausbruch als eine ferne Vergangenheit. Das große Pathos der Freiheit, das wir als junge Menschen als Gebet in uns getragen haben, das uns entwickelt und getrieben hat, liegt nun von Bomben und Soldatenstiefeln zerstampft im europäischen Boden begraben. Irgendwann wird es wiederauferstehen, aber die Melodie wird eine andere sein. Hier ist ein Land, dessen Wirklichkeit sich ständig mit dem Freiheitsanspruch auseinandersetzt. Richte dich in diesem Land ein, ›go ahead‹, ›keep smiling‹. Vergessen aber will ich nicht. Meine alte Identität, die in eurem Land wenig zählt (forget about it), werde ich nicht vergessen. Nur wenn es mir gelingt, sie mit einer Identität zu verbinden, die ihr akzeptiert, kann ich hier leben und mich wieder freuen lernen. Der Anfang hierzu ist fraglos, Geld verdienen zu lernen, einen Job zu finden und bescheiden die Ohren zu spitzen. Sagte mir nicht der Chef einer Personalabteilung, bei dem ich mich vergeblich um einen Job beworben hatte: ›Keep smiling. You will be a success in the United States.‹

Er soll recht behalten.«

Amerika tritt in den Krieg ein

Das erste Jahr in New York war, neben all den Anpassungsnöten, auch durch den Siegeszug der Diktatoren in Europa und Asien belastet. Die Angst vor dem Ausgang dieses Kriegs und seinen unausdenkbaren Folgen lähmte Erlebnisfähigkeit und Initiativen. Wir fieberten nach Informationen, wie weit die Macht der amerikanischen Isolationisten reiche, welche Chancen überhaupt noch bestünden, den mordenden Wahnsinn aufzuhalten. Der einzige, der in diesem Nebel der Ängste helle Ausblicke fand, war Hans Staudinger, der Zugang zu seriösen Informationen hatte. Er versicherte uns, daß das ganze Land bereits auf Rüstungsindustrie geschaltet sei und die Waffenlieferungen an England begonnen hätten. Außer ihm gab es nur Zweifler. War es nicht unmöglich, angesichts des Nullpunkts in der Aufrüstung der Vereinigten Staaten, eine Militärmaschinerie aufzubauen, die rechtzeitig Widerstand leisten konnte? Sollte man sich noch mühen, die neue Umwelt kennenzulernen, wenn doch bald alles vorüber sein würde? Wir brachten Untergangsängste mit nach New York und konnten nur schwer mit diesen Ängsten leben.

Im Dezember 1941 erklärten Hitlerdeutschland und Japan den Vereinigten Staaten den Krieg. Die ferne, bisher noch friedliche Insel Amerika war in die Front getreten. Die beiden Welten, die Welt in uns und die Welt um uns, waren ineinander geflossen. Amerika war uns eine neue Wirklichkeit geworden, die letzte große Hoffnung, weiterdenken und vielleicht auch weiterleben zu dürfen.

Dieses Zugehörigkeitsgefühl, das uns aus einer belastenden Lähmung befreite, wurde bald von einer neuen Angst abgelöst, die aus unserer Emigrantenerfahrung herrührte. Würde das Land uns wieder zu Feinden unserer eigenen Sache erklären, wie es in Frankreich geschehen war? Würden wir wieder zu drohender Passivität in Lagern verurteilt werden, als Gefangene der eigenen Front? Eingaben wurden verfaßt von einzelnen und von Gruppen, mit denen den Amerikanern der Status unseres zerrissenen Daseins erklärt werden sollte. Auch Herbert wandte sich an den Präsidenten der Immigrants-Conference mit folgendem Schreiben:

»Lieber Herr Dr. Huelse, heute morgen in der Besprechung habe ich bereits meiner Meinung Ausdruck gegeben, daß die Immigrants-Konferenz gegen die jetzt in der Ausführung begriffene Art der Fremdenpolitik und Fremdenkontrolle ihre Stimme nachdrücklichst erheben soll. In dieser Auffassung hat mich noch die Rede des Attorney General Biddl bestärkt, die er heute abend 7 Uhr 15 über das Radio gehalten hat. In dieser Rede hat Biddl wiederum das jetzige Identification-Program als ein solches bezeichnet, das sich auf alle ›subject to enemy countries‹ bezieht.

Demgegenüber ist zu sagen, was Sie natürlich wissen, aber was doch eben zu sagen ist:

1. Es ist eine weder staatsrechtlich noch psychologisch haltbare Unterstellung, daß die Flüchtlinge aller Kategorien auch nur technisch als ›enemy aliens‹ oder ›subject to enemy countries‹ angesprochen werden, diese Menschen, die hier in dem Lande Zuflucht genommen haben, aber den Gegenbeweis gegen die These von ›enemy alien‹ auch im technischen Sinne nach jeder Richtung hin abgegeben haben, durch offenen oder illegalen Kampf gegen das Naziregime, durch Einrei-

hung in die tschechische oder französische Armee, durch Übernahme größter Gefahren, nur um dem Naziregime zu entgehen. Diese Kreise müssen es als entwürdigend und entehrend empfinden, jetzt wiederum in einem demokratischen Staate im Kampf um die Freiheit diskriminiert und außerhalb des allgemeinen Gesetzes gestellt zu werden.

2. Die getroffenen Kontrollmaßnahmen sind aber auch rein technisch unter dem Gesichtspunkt der Bekämpfung der Spionagegefahr nicht zu halten. Österreicher, Danziger, Polen, Ungarn sind ausgenommen. Gerade unter diesen Kategorien sind aber faktisch fanatische Nazianhänger zu finden. Wie das österreichische Volk gegen die Juden gewütet hat, übertrifft selbst die deutschen Methoden, und wie in Polen ansässige Deutsche polnischer Nationalität oder ebenso Danziger Deutsche Fifth Columnist-Arbeit geleistet haben, ist gerichtsnotorisch. Indem man die Freistellung dieser Kategorien nicht von der Tatsache der Flüchtlingseigenschaft, sondern von offenbar allgemein politischen Erwägungen abhängig gemacht hat, hat man faktisch in dem Spionageabwehrsystem ein Loch gelassen, das der ganzen Kontrolle ihren Sinn nimmt. Herr Hitler braucht seine Spionageagenten nur unter den österreichischen Freunden ausgesucht zu haben, um sie unkontrolliert im Lande herumlaufen zu lassen. Das Kontrollsystem, das jetzt eingerichtet worden ist, erfaßt also technisch, soweit es sich um Refugees handelt, wieder einmal die

Unverdächtigen und läßt auf der anderen Seite für potentiell gefährliche Subjekte eine Lücke im Verwaltungsnetz, die das ganze Netz unoperativ macht.

3. Nach wie vor bestehe ich auch auf der Auffassung, daß die Amerikaner aus Gründen, die ich Ihnen ja nicht näher auseinanderzusetzen brauche, sich selbst mit diesem Mangel an Diskriminierung oder vielmehr der unterschiedslosen Diskriminierung schaden und mehr die Grundlage für eine allgemeine Hysterie denn für eine vertrauensvolle Kampfgemeinschaft schaffen.

Unter diesen Umständen vermag ich persönlich mich nicht mit Loyalitätskundgebungen und Anstrengungen für den Roster und Bombenflugzeuge und anders mehr zu befreunden. Ich empfinde, und viele empfinden gleich mir, daß es nicht der Würde des Flüchtlings entspricht, der Loyalitätsbezeugungen vorgeleistet hat, diskriminierenden Maßnahmen mit Angeboten zu begegnen, die unter den gegenwärtigen Umständen mehr als Ausdruck der Furcht oder gar des Deckungsbedürfnisses gewertet werden können, zumindestens, wenn sie nicht gleichzeitig von einem scharfen Protest gegen die Ungerechtigkeit begleitet werden, die erneut den schon so maßlos geprügelten und gehetzten Opfern und Feinden des Hitler-Regimes gegenüber begangen wird.

In welcher Weise ein solcher Protest zu erfolgen hat, wäre gewiß zu überlegen. Ich bin aber jedenfalls der Überzeugung, daß als Beweis unserer Loyalität die Weigerung, sich als ›enemy alien‹ zu betrachten und die

Amerikaner vor die Konsequenz zu stellen, uns wieder einzusperren, mehr charakterliche Stärke offenbaren würde und mehr Eindruck machen würde als jede andere Form einer Loyalitätsbezeugung.

Ich bitte Sie in Ihrer Eigenschaft als Chairman der Immigrants-Konferenz von dieser meiner Einstellung Kenntnis nehmen zu wollen.«

Die Mühen hatten keinen Erfolg. Die Verordnung, daß alle Deutsche sich als »enemy aliens« (feindliche Ausländer) registrieren lassen mußten, trat in Kraft. Wir hatten wieder einen Stempel bekommen, der uns nicht betraf, aber schmerzlich traf. Die Niedergeschlagenheit war groß, aber auch die Angst vor weiteren Schlägen.

Völlig unerwartet geschah weiter nichts. Wir wurstelten uns durch unseren Alltag, genau wie bisher. Zuerst warteten wir auf neue Überraschungen, dann warteten wir nicht mehr. Sie kamen auch nicht. Wahrscheinlich hatten die USA die notwendige Siebung nichtfeindlicher von feindlichen Elementen bereits bei der Registrierung durchgeführt. Es gab Deutsche und auch Deutsch-Amerikaner, die in Internierungslager kamen, andere standen unter Beobachtung. Wir, die Flüchtlinge aus dem Zusammenbruch Frankreichs, bewegten uns, auch mit unserem »enemy alien«-Ausweis ebenso frei wie bisher. Wir durften arbeiten und fanden auch Arbeit, sogar leichter als bisher, weil der Krieg Arbeitsplätze freigemacht hatte. Nur selten stieß man auf Mißtrauen, besonders in New York, der Stadt, die Fremde gewohnt war, und jeden, den der Staat frei herumlaufen ließ, als vertrauenswürdig betrachtete.

Diese Behandlung der deutschen Emigranten war beinahe wie ein neuer Akt der Lebensrettung. Wir hatten in Deutschland als Diskriminierte zu leben gelernt, bis wir das Land verlassen konnten, wir hatten jahrelang in Frankreich darum gekämpft, nicht als feindliche Subjekte angesehen zu werden, und schmerzlich verloren, wir hatten die Last der Diskriminierung auch hier auf uns zukommen sehen und uns müde gefragt, wie wir diese menschliche Entwürdigung zum dritten Mal ertragen sollten, und nun die Freude erlebt, keine Lasten aufgebürdet zu bekommen. Wir durften hier als das weiterleben, was wir waren: Partner im Krieg um Menschenrechte.

Viele der deutschen Emigranten fanden Jobs in amerikanischen Behörden, viele wurden sogar als Experten gerufen. Die kampffähige Jugend der deutschen Emigration kam zur Armee. Die Frauen in deutschsprachigen Vereinen und Verbänden strickten und nähten für die Soldaten im Feld, alle standen stramm, wenn die amerikanische Nationalhymne gespielt wurde, und die »Fireside chats« von Roosevelt waren auch für uns alle unverzichtbare Sendungen, aus denen wir Mut und Hoffnung schöpften. Sie waren, wie einst die große »Blut und Tränen«-Rede Churchills, der Silberstreifen am Horizont, auf den wir starrten.

Überwintern oder sich anpassen?

Der ständige Wechsel neuer Belastungen und unerwarteter Entlastungen entsprach dem Klima New Yorks, das ebenso hektisch von eisiger Kälte zu glühender Hitze sprang. Die Sehnsucht nach einem etwas stabilisierteren Zustand in einer Mittellage der Schwankungen wurde immer größer. Die persönliche Freiheit, die die Vereinigten Staaten den blessierten europäischen Soldaten der Demokratie gewährt hatten, machte den Weg frei zu weitsichtigerer Lebensplanung. Die schwierige Frage, ob man sich für den alten oder den neuen Kontinent entscheiden sollte, stellte sich bereits beim ersten Hoffnungsschimmer, der alte Kontinent mit seinen humanen Traditionen könnte noch einmal wiederauferstehen. In der Praxis bedeutete diese Entscheidung, ob man den harten Weg des Aufbaus einer Existenz und der Anpassung an die neue Umwelt gehen oder ob man sich – jedenfalls zunächst – mit einiger Gelegenheitsarbeit über Wasser halten und weiter eine Randexistenz führen sollte.

Über diese sehr belastende Entscheidung sprachen unsere Freunde kaum miteinander und auch später nicht mehr als über eine vage Erinnerung an Emigrationssorgen. Das Vorspiel, das der Entscheidung vorangeht, scheint leicht vergessen zu werden, und damit auch die Schmerzen dieses Vorspiels. Die Mehrheit war eher für Abwarten und Gelegenheitsverdienst.

In diesen Unsicherheiten, die uns alle beherrschten, stand Max Brauer als ein Monument der Klarheit. Seit seiner Ankunft in den USA hatte er nie einen Zweifel darüber gelassen, daß er mit dem ersten Schiff, das nach Europa fahren würde, zurückkommen wolle. Amerika war für ihn immer nur Durchgangsland und Zuflucht bis zum Augenblick der Rückkehr. In den Tagen der Hoffnungslosigkeit und des Zweifels, in denen wir alle kaum an den nächsten Tag zu denken wagten, ging sein Wunschschiff bereits nächste Woche ab, viele Jahre lang. Im Sommer 1942, auf dem Höhepunkt einer für die Alliierten verzweifelten Kriegslage – die Balkanländer in den Händen der Deutschen und das deutsche Afrikakorps auf dem Vormarsch – traf ich Max Brauer am Times Square. Beim Plaudern über das gegenseitige Ergehen erzählte ich ihm, daß ich eine Prüfung als Statistikerin an der New York University abgelegt hätte. Seine Reaktion war eine knappe Frage: »Kannst du das drüben gebrauchen?«, und als ich verneinend den Kopf schüttelte, sagte er: »Warum hast du dich dann so geplagt?«

Viele wünschten wie er, wieder einmal zurückkehren zu können. Den ungebrochenen Optimismus, diesen Wunsch immer wieder laut auszusprechen, hatten sie aber nicht. Sie schwiegen und warteten. Mit dieser abwartenden Haltung stellten sie eine Gruppe von Einwanderern dar, die es bisher in den Staaten noch nicht gegeben hatte: Menschen, die in die Neue Welt gekommen waren, mit der Absicht und dem Wunsch, sie wieder zu verlassen, die sie nur als Zufluchtsstätte, nicht als neue Heimstätte betrachteten. Die Gruppe bestand aus weit mehr als den deutschen Demokraten. Aus allen Ländern, die von Soldatenstiefeln zertreten wurden, kamen Angegriffene und Verfolgte, voll Sehnsucht, ihre Heimat befreit wiederzusehen und in sie zurückkehren zu können.

Es gab auch eine starke Gruppe von Eindeutigen, die sich zu den Vereinigten Staaten als der besten aller Welten bekannte. Die markanteste Figur unter ihnen, gleichsam der Gegenpol zu Max Brauer, war unser Freund Hans Staudinger. Er bekannte sich nicht nur zu Amerika, er wurde in kurzer Zeit zweihundertprozentiger Amerikaner. Er weigerte sich, überhaupt noch deutsch zu sprechen, sogar mit uns. Jedes Treffen begann mit der gleichen Frage: »How do you like America?« Der Vorhang vor Europa war für ihn gefallen. Diese übersteigerte Eindeutigkeit kann gewiß auch als eine Schockreaktion auf das, was in Europa geschehen war oder noch immer geschah, gelten. Aber sie bewies auch den Mut zu einer Entscheidung, die sich der fließenden Kulissen des Daseins entledigen wollte.

Ähnlich wie er reagierte ebenfalls eine ganze Gruppe von Menschen, gewiß vor allem solche, die sehr rasch in den Staaten vor Aufgaben gestellt waren, die ihrem Können entsprachen. Dazu gehörten fast all die deutschen Intellektuellen, die als Professoren an der New

School arbeiteten. Ich erinnere mich an die Ansprache eines braven deutschen Gewerkschaftlers, der mit den Worten begann: »Liebe Landsleute!«, worauf Professor Heimann scharf entgegnete: »Wir sind nicht Ihre Landsleute.«

Wir trafen keine endgültige Entscheidung. Aber wir entschlossen uns, unser Leben zunächst so zu planen, als ob wir weiter in den Vereinigten Staaten leben würden. Das hieß die Tätigkeit beim »Aufbau«, die Herbert immer nur als Gelegenheitsarbeit empfunden hatte, aufzugeben und ein Studium anzufangen, das ihm die Grundlage für den Aufbau einer entsprechenden Existenz geben sollte. Rechtswissenschaft war nur amerikanischen Staatsbürgern zugänglich. Das Studium, das ihm gelegen hätte, war ihm also verschlossen, dagegen stand das Studium zum Certified Public Accountant (Wirtschaftsprüfer) auch Nichtbürgern offen. Er wollte das Studium in Abendkursen belegen und eine Stellung als Junior Accountant in einer Wirtschaftsprüferfirma suchen. Wir begaben uns beide im ersten Kriegsjahr auf Jobsuche, auf den American Way of Life.

Eine Planung unseres Lebens aus eigener Initiative war ein entscheidender Abschnitt in unserem Leben. Nach zweieinhalb Jahren des Gehetztseins durch Lager, Straßen und Städte Frankreichs, des ausgelaugten Strandgutdaseins in New York, das von milden Gaben lebte und von außen dirigiert wurde, war dieses Ziel endlich erreicht. Für Herbert war es höchste Zeit, wieder mit einem Planziel leben zu können und sich nicht mehr als Objekt fühlen zu müssen.

Meine etwas größeren Erfahrungen mit amerikanischen Institutionen ließen mich viele Schwierigkeiten für ihn ahnen. Aber ich war auch sicher, daß er den seelischen Druck des Krieges, der Sorge um unsere engeren und weiteren Familien, um Freunde, geistig zu uns gehörende Menschen, die drüben in der Hölle des Krieges lebten, besser ertragen würde, wenn er seine Kräfte auf ein konkretes Ziel konzentrieren konnte.

Jobsuche in den Vereinigten Staaten war unter den damaligen Verhältnissen ein hartes und auch lehrreiches Unternehmen. Am Anfang der Schwierigkeiten stand die Bürokratie, die uns die Arbeitserlaubnis verweigerte. Mein Gesuch wurde mit dem lapidaren Satz beantwortet: »Sie sind als Vergnügungsreisender in das Land gekommen und dürfen nicht arbeiten.« Das Emergency Rescue-Visum, mit dem wir eingereist waren, war nur ein Besuchervisum und kein Einwanderungspapier. Um Einwanderungspapiere zu bekommen, mußte ein Antrag über ein amerikanisches Konsulat gestellt werden. Wie konnte das geschafft werden? Bei welchem Konsulat und in welchem Land? Wir hatten wenig Geld und den Angstkomplex erfahrener Bittsteller bei Konsulaten. Nach längerer Informationssuche wagten wir die Grenze nach Kanada zu überschreiten. Der amerikanische Konsul in Niagara Falls erledigte die Ausstellung der Einwanderungspapiere mit überraschender Geschwindigkeit. Alle Sorgen und Ängste waren wieder einmal nicht notwendig gewesen. Aber leider konnte man das im Land der unbegrenzten Möglichkeiten niemals genau wissen.

Die ersten Jobsuche-Versuche brachten eine nicht gerade sehr ermunternde Erfahrung. Die Studien, Zeugnisse, Erfahrungen aus unserer europäischen Vergangenheit stellten überhaupt keinen Wert dar, eigentlich nur ein Hindernis, weil die angesprochenen Arbeitgeber sagten, Leute mit so großen Qualifikationen könnten sie nicht auf einen kleinen Routinejob ansetzen. Ließ man aber die europäischen Jobs und Erfahrungen in den einzureichenden Lebensläufen fort, blieb nicht genug an amerikanischen Erfahrungen übrig, um eine Chance zu bekommen, wenn man nicht mehr zwanzig oder dreißig war. Unsere ehrliche Bereitschaft »to start from the bottom«, wie es der American Way of Life verlangt, konnte des Alterskomplexes der Amerikaner wegen schwerlich aufgegriffen werden. Das Greisenalter begann damals mit vierzig, nach einer auch durch die hohen Arbeitslosenzahlen bestimmten Logik, daß ein wirklich tüchtiger Mensch mit vierzig Jahren schon einen qualifizierteren Status erreicht haben müsse. Zweifellos wurde Verständnis dafür gezeigt, daß wir eine Ausnahme von dieser Regel bildeten, aber dieses Verständnis durchbrach doch nicht die gewohnte Praxis.

Herbert quälte diese Jobsuche, dieses Bitten wie ein arbeitsloser Lehrling, das Ausfüllen meterlanger Fragebogen, die unklaren »Neins«, weil man eben höflich sein wollte. Das entscheidende Schicksal spielte schließlich Max Brauer. Ein Mitglied der Organisation, für die er durch die Lande reiste und Vorträge hielt, war der Inhaber einer großen Wirtschaftsprüferfirma. Brauers warme Empfehlungen verschafften Herbert eine Junior Accountant Stelle bei der Firma Louis Sturz & Co., die der Beginn einer jahrelangen Zusammenarbeit wurde.

Mit übersteigertem Eifer und einer nicht gerade innigen Beziehung zum Stoff stürzte sich Herbert in diese neue Phase seines Lebens. In seinem Bedürfnis nach Perfektionismus auf allen Gebieten kämpfte er verbissen mit langen Zahlenkolonnen, die damals noch mit dem Kopf addiert werden mußten und die sich viel zu oft nicht zu den richtigen Resultaten zusammenfügen ließen. Glücklicherweise hatte er einen Vorgesetzten Senior Accountant, der zehn Jahre jünger war als er, aus München kam und als Frühemigrant seine Prüfungen schon hinter sich hatte. Mit liebevoller Ironie machte er Herbert darauf aufmerksam, daß zu seinen vielen Begabungen das Addieren eben nicht gehöre, er solle es jedoch nicht gar zu sehr bedauern. Aus dieser ersten Begegnung mit Otto Walter wuchs mit der Zeit eine echte Freundschaft, die bis heute noch besteht.

Nach dem Tagewerk schrieb Herbert fleißig in seinen Abendkursen mit, um den für ihn spröden Stoff leichter zu memorieren. Beim Abhören seiner Lektionen wurde mir klar, warum er mit so viel Lustlosigkeit studierte.

Eine der Fragen, die gestellt wurden und die ich abhören sollte, betraf »Die Bedeutung des Goldes in der Wirtschaft«. Ich wollte sie überschlagen mit der Bemerkung: »Das weißt du ja.« Er fuhr auf: »Nichts weiß ich. Diese fünf Punkte hier muß ich aufzählen können.« Ich erinnerte mich bei diesem Gespräch an einen bekannten Berliner Internisten, der in New York noch einmal die medizinischen Examen ablegen mußte, um eine Praxis eröffnen zu können, und in allen Fächern bestand, nur nicht auf seinem Spezialgebiet als Internist. Die Umstellung erwachsener Menschen mit Erfahrung auf schülerhaftes Denken war eben eine harte Nuß. Sie mußte geknackt werden.

Die Aussicht, vier Jahre lang an der Nuß zu beißen, war nicht gerade reizvoll, aber eine Studienverkürzung, wie sie mit einem Nachweis eines andern gleichwertigen Studiums möglich war, konnte Herbert nicht in Anspruch nehmen. Wir hatten unsere ganze Vergangenheit, alle unsere Papiere, alle Dokumente, Briefe, Notizen, Zeugnisse in Frankreich zurückgelassen. Der saure Apfel mußte ganz aufgegessen werden. Wieder kam eines Tages eine Glücksfee. Herbert erhielt von einem Bekannten die Mitteilung, daß im »Deutschen Reichs- und Staatsanzeiger«, dem offiziellen Blatt der deutschen Regierung, seine Ausbürgerung und die Aberkennung seines Dr. jur., den er in Breslau gemacht hatte, veröffentlicht seien. Jubelnd fielen wir uns in die Arme. Die Studienverkürzung konnte beantragt werden. Den

Nachweis seiner Studienabschlüsse hatte die deutsche Reichsregierung uns frei Haus geliefert.

Ähnlich wie Herbert schülerhaftes Denken wieder lernen mußte, mußte ich mich auf die Sprache naiv junger, im fröhlichen Alltag lebender Menschen einstellen. Es dauerte einige Zeit, bis ich es gelernt hatte. Ich konnte es aber nur erlernen, weil ich ganz ohne Ehrgeiz auf Jobsuche gegangen war, nur mit der bescheidenen Geduld, zu einer Anpassung an die nun einmal gegebene Umwelt zu kommen.

Nachdem alle Empfehlungen von Freunden oder Bekannten an Firmen ergebnislos waren, nahm ich mir die täglichen Annoncen in den Zeitungen vor und klapperte Firma für Firma ab. Manchmal hatte ich sogar Glück und fand irgendeine bescheidene Büroarbeit, aber immer nur für kurze Zeit. »You don't fit in the surroundings« (Sie passen nicht zu uns), sagten mir die Chefs, die mich feuerten. Gewiß steigerten diese Mißerfolge nicht gerade das Lebensgefühl, auf der anderen Seite hatten die Leute ja recht. Ich paßte wirklich noch nicht zu ihnen. Ich sprach noch gebrochen Englisch, verstand ihre Witzchen nicht, konnte über ihre kindlichen Späße nicht herzhaft mitlachen, hatte keine roten Fingernägel und kein bemaltes Gesicht und war auch wahrscheinlich in der Routinearbeit viel schlechter als die anderen. Ich ging also geduldig von Job zu Job, wurde immer wieder entlassen, lernte jedesmal etwas Neues dazu und erkannte den Fortschritt, den ich machte, in einem Trostwort, das mir der Chef, der mich als letzter hinauswarf, sagte: »Keep smiling. One day you will be a success in the United States« (Eines Tages werden Sie in den Vereinigten Staaten doch Erfolg haben).

Nach den rasch wechselnden Kulissen der ersten Lehrjahre begann auch mein Leben etwas kompaktere Formen anzunehmen. Der Coordinator for International Affairs, eine Rockefeller Foundation, dessen Aufgabe es war, amerikanische Kultur im Ausland zu verbreiten, und der nun im Krieg neben anderen auch eine Filmwerbung für die Sache der Vereinigten Staaten aufgebaut hatte, stellte mich als Hilfs- und Zuarbeiterin in dem statistischen Büro an, das Berichte über Aufnahme und Auswirkung der Filme zu liefern hatte. Das statistische Büro bestand aus einem Chef und etwa zehn bis zwölf Mitarbeiterinnen. Ich blätterte gleich zu Beginn meiner Tätigkeit die monatlichen Berichte durch, um eine Ahnung zu bekommen, in welche Zusammenhänge ich meine Zuarbeiten zu stellen hatte. Ich hatte eine Glückssträhne erwischt: Der Chef, der den Bericht zusammenzustellen und zu schreiben hatte, wurde plötzlich krank, und ich konnte den fälligen Bericht zur rechten Zeit fertigstellen. Ich schrieb im nächsten Monat auch den zweiten Bericht und wurde darauf als Head of the Department angestellt.

Die Mitarbeiterinnen, alles College girls, junge Mädchen aus gepflegtem amerikanischen Zuhause, hielten mich nur ganz kurze Zeit für einen Eindringling aus fernen, fremden Welten. Sie respektierten meine Anregungen und Anordnungen und wurden nicht nur Mitarbeiter, sondern auch Beichtkinder. Die kindliche Offenheit, mit der Amerikaner über persönlichste Dinge sprechen konnten, kannte ich, aber doch nicht in der Intimität, wie sie sich in meinem Büro entwickelte. Ich wußte über Freunde, Familienverhältnisse, Hobbies und Sonntagsbeschäftigungen Bescheid und wurde auch sehr eindringlich über mein Privatleben befragt. Es gab kaum einen Wechsel bei den Mitarbeitern. Die Mädchen schienen sich alle in der Gruppe wohl zu fühlen. Ich stellte mit Erleichterung fest, daß ich nicht mehr als Außenseiter angesehen wurde, der in diese Umgebung nicht paßt. Die Schwelle vom Außenseiter zum Zugehörigen war überschritten. I did fit in the surroundings.

Mein oberster Chef erzählte mir, allerdings Jahre später, daß zu Beginn meiner Tätigkeit als Head of the Department zwei Angestellte dieses Departments zu ihm gekommen seien und mit einer Kündigung gedroht hätten, sofern ich nicht entlassen würde: »Wir können doch nicht von einem feindlichen Ausländer Weisungen annehmen.« Er nahm die Kündigung an mit der Bemerkung: »Es tut mir leid, daß Sie glauben, gehen zu müssen. Aber ich kann Frau Weichmann nicht entbehren.« Dieser Vorfall hat mich tief beeindruckt. Welches Land würde in der selbstverständlichen nationalistischen Welle bei Kriegsbeginn die Kraft und den Mut zu solcher

Toleranz aufbringen? God save America, dachte ich und erinnerte mich an den amerikanischen Konsul in Madrid, der mir mit ähnlicher toleranter Selbstverständlichkeit geholfen hatte.

Die Arbeit war zunächst recht interessant, besonders im Vergleich zu allen anderen Tätigkeiten, die mir bisher zugefallen waren. Ich konnte einige Anregungen geben und Verbesserungen des Berichts erreichen. Sie wurde schließlich aber auch zur Routine, aus der es zunächst kein Ausbrechen gab. Ich erledigte mit Anstand und Fleiß mein Tagewerk und war dem Land dankbar, das mich im Krieg ein freies und tätiges Leben führen ließ.

Das Leben, das wir nun führten, war brav, fleißig, geordnet und sehr anders, als es in Frankreich war. Wir lebten und arbeiteten damals nicht nur für uns und unseren Lebensunterhalt, wir lebten in den Geschehnissen der Welt, die wir als Journalisten kommentieren mußten, und glaubten auch mit unseren Artikeln ein Wassertropfen zu sein, der das Rad der Geschichte umspült.

Hier arbeiteten wir nur für unsere Existenz, ohne gesellschaftliches Engagement und unmittelbare gesellschaftsverpflichtende Aufgabe. Das ergab eine Unruhe und Unzufriedenheit, die uns mit der Zeit immer mehr belasteten. Zunächst waren sie unter den zeitraubenden, aber auch kräftekostenden Mühen um den äußeren

Erhalt und die äußere Konsolidierung unserer Existenz nicht eigentlich in unser Bewußtsein vorgedrungen. Außerdem waren unsere Kräfte auch von den ständigen Anforderungen an Leistung und Anpassung durch Länderwechsel, Berufswechsel, dabei immer ausgehend vom Nichts und dem Unbekannten, reduziert. Sobald der äußere Rhythmus unseres Lebens ruhiger wurde, machte sich die innere Unruhe wieder stärker bemerkbar. Wir lebten eben auch noch in anderen Wirklichkeiten, mit den Schicksalswenden, die sich in der Welt vorbereiteten, und den Menschen, die diese Schicksalswenden bewirkten oder unter ihnen litten. Wir hatten keinen aktiven Zugang zu diesen Ereignissen. Der Krieg tobte weit weg auf anderen Kontinenten, das Land war reich, nahezu Selbstversorger, und der Alltag in New York zeigte kaum Veränderungen. Zwar wurde die Arbeitszeit auf 48 Stunden die Woche verlängert, es gab mehr offene Stellen für Arbeitssuchende, größere Menschenmengen am Times Square, die längere Zeit standen, um die letzten Nachrichten in Lichtbuchstaben zu lesen, die das Times Building ausstrahlte. Das bisher üppige Warenangebot wurde wahrscheinlich etwas kleiner, kaum merklich für uns, die wir ja keinerlei persönliche oder soziale Geltungsbedürfnisse hatten, doch in den Lebensmittelabteilungen der Warenhäuser konnte man manchmal gerade das, was man gerne haben wollte, nicht bekommen. Trotzdem bestand noch Überfluß und bürgerlicher Frieden. Nach unserer Abkapselung von anderen Menschen in dem Jahr unserer planmäßig versuchten Anpassung hatten wir das Bedürfnis, unsere Freunde wiederzusehen, mit denen wir diese Unruhe teilen und über mögliche Entwicklungen nachdenken konnten.

Der Zeitpunkt der Wende schien gekommen zu sein. Die Alliierten waren in Nordafrika gelandet, die Japaner bei den Salomo-Inseln geschlagen, der Durchbruch der Roten Armee durch die deutsche Front gelungen. Die Alliierten hatten auf der Konferenz von Casablanca die Bedingung der bedingungslosen Unterwerfung der Gegner aufgestellt, woraus die Sicherheit ihrer wachsenden Stärke sprach. Man konnte wieder anfangen, an eine Zukunft zu glauben, die den Schweinehund im Menschen zu bändigen vermochte.

Amerikanische Bekannte, zu denen wir durch unsere Arbeit freundschaftliche Beziehungen hatten, waren weder geistig noch emotional geeignete Gesprächspartner. Das Land hatte Krieg und seine Gefahren nicht erlebt. Die Freunde unter den jüdischen Emigranten waren Amerikaner geworden und eher bereit zu versuchen, die emotionalen Erschütterungen der Vergangenheit zu überwinden, als sich den Kopf über eine neue Ordnung der Welt zu zerbrechen. Alle Bekannten, die sich von der Regierung der USA zu einer Mitarbeit in gefragten Fachgebieten oder zur Werbung zur Verfügung gestellt hatten und wahrscheinlich über interessante Informationen verfügten, waren nach Washington,

D. C. gezogen. Es gab aber noch unsere alten Freunde aus Frankreich, die auch nach Amerika gekommen waren, und die Mitglieder der German Labor Delegation, meist deutsche Sozialdemokraten, die von den sich anbahnenden neuen Entwicklungen in der Welt ebenso ergriffen waren und sie fiebernd verfolgten.

Trotz Tagesarbeit und 48-Stunden-Wochen, trotz Abendstudium und Examensvorbereitung suchten wir wieder Menschen auf, mit denen wir die historischen Wendepunkte verfolgen konnten.

Menschliche Beziehungen

Der für Herbert wichtigste Gesprächs- und Entspannungspartner war Ernst Hamburger.

Herbert kannte ihn bereits in der Weimarer Zeit, in der er zum Vorstand der SPD-Fraktion im Preußischen Landtag gehörte, geschätzt vom Ministerpräsidenten Otto Braun und ein liebevoller Berater des jungen Assessors Weichmann. Er hatte eine Herbert ähnliche rationale Disziplin, bewegte Emotionalität, Verbundenheit mit dem Weltgeschehen als einer Wirklichkeit seines Lebens.

Wir hatten bereits in freundschaftlicher Gemeinsamkeit Frankreich erlebt, trafen auf der Flucht durch Zufall in Madrid zusammen, warteten gemeinsam in Lissabon auf ein Schiff in die rettenden Vereinigten Staaten. Er war mit einer schweren Angina pectoris nach New York gekommen, die er dank der sorgfältigen Pflege seiner Frau überwand. Seine kleine Wohnung am Hudson River war wieder mit Büchern vollgestopft, und sein Schreibtisch, an dem er auch Researcharbeiten für die New School machte, das Zentrum der Wohnung. Aus allen seinen sehr vorsichtig abgewogenen Urteilen über zukünftige Entwicklungen sprach wieder ein lebendiger Optimismus. Wahrscheinlich hat diese von uns kaum noch gehoffte Wende im Kriegsverlauf auch zur Ausheilung seiner Angina pectoris beigetragen.

Herbert kam aus den mit ihm verbrachten Abenden immer befriedigt und entspannt zurück.

Entspannung und Anregung brachte uns auch die Freundschaft mit Albert Grzesinski. Trotz ständiger materieller Sorgen verlor er nie das Interesse an den Ländern, in denen er leben mußte. Mit seiner ungebrochenen Vitalität hatte er sich in den Vereinigten Staaten, wie er es auch in Frankreich getan hatte, auf die Entdekkung des Landes begeben, das andere, das Neue, die Eigengesetzlichkeiten erkannt und anerkannt. Dabei beschränkte er sich nicht auf Informationen und Gedrucktes, er machte Besichtigungen, lief stundenlang durch die Stadt, deren Verwaltungsprobleme, Lebensintensität und Vielfalt ihn bis zur Begeisterung faszinierten. Oft lief ich mit ihm und ließ mich von seiner Lebendigkeit tragen. Er gehörte zu den wenigen Emigranten, deren Freude, Neuland zu entdecken, immer größer war als Existenzsorgen oder Selbstmitleid. Er verdiente schließlich, als ihm alle anderen Existenzchancen verwehrt waren, als Facharbeiter seinen Lebensunterhalt. Das hielt ihn aber nicht davon ab, seine Bibliothek ständig auszubauen und die Ereignisse in der Welt mit gut durchdachten Urteilen zu verfolgen. Jedes Beisammensein mit ihm war eine anregende Auffrischung.

Die Freundschaft aus den Pariser Tagen wurde auch mit Hedwig Wachenheim erneuert, aber die damalige Heiterkeit war verlorengegangen. Sie war etwas schulmeisterlich geworden, weil sie sich als zweihundertprozentige Amerikanerin verpflichtet fühlte, uns zu guten Amerikanern zu erziehen. Ihr neuer Patriotismus ging so weit, daß sie alles, was Europa darstellte, als minderwertig empfand. »Nicht einmal Bleistifte können sie vernünftig machen, mit einem Radiergummi am anderen Ende.« Herbert verstimmte diese emotionale Wende, mich amüsierte sie. Schließlich hatten wir alle damals wohl einen Knacks, aus dem ein komischer Tick werden konnte. Sie blieb mir eine große Hilfe beim Korrigieren englischer Briefe und Eingaben. Sie lebte von Researcharbeiten für die New School und gelegentlichem Artikelschreiben und plagte sich auch dabei, das Instrument der englischen Sprache geschickt zu gebrauchen. Einmal meinte sie seufzend: »Was werden wir mit unserer Zeit anfangen, wenn wir mal drüben sein sollten und in Deutsch schreiben könnten?«

Ihr Freund – und auch unser Freund – Hans Staudinger, ebenfalls ein begeisterter Neu-Amerikaner, der wie gesagt, nur noch Englisch sprach, das er aber auch noch schlecht beherrschte, war ein glücklicher Monomane, dessen Arbeitsgebiet für ihn immer den Mittelpunkt der Welt bildete. In den USA waren es die New School for Social Research und die Mitarbeiter des amerikanischen Gründers Johnson. Die Studenten waren Amerikaner, der Lehrkörper bestand aus europäischen, meist vertriebenen Wissenschaftlern. Die humane und geistige Leistung der New School ging weit über den Unterricht einiger amerikanischer Studenten hinaus. Sie gab europäischen Intellektuellen Brot und geistige Ausstrahlung und gewann mit ihren vielen Researcharbeiten, die ebenfalls meist von europäischen Emigranten gemacht wurden, auch Einfluß auf amerikanische Institutionen. Hans Staudinger hatte allen Grund, mit Befriedigung auf diese Leistung zu schauen. Nur Zweifel daran, daß die New School die Welt aus den Angeln heben könne, waren nicht erlaubt, ebensowenig wie Deutsch sprechen. Vor seiner Rückkehr nach Deutschland, bei seinem letzten Treffen mit Hans Staudinger, rächte sich Herbert, begrüßte ihn in Deutsch und sagte: »So, Staudinger, jetzt wird nur noch deutsch gesprochen. Ich kann Ihr schlechtes Englisch nicht mehr hören.«

Max Brauer sahen wir nur selten. Als Wanderredner durch die Provinzen lebte er immer nur kurze Zeit in New York. Die ruhigen Tage der Nachbarschaft in

Paris, des gemeinsamen Aperitifs am Abend im Café an der Porte de Saint Cloud, bei dem man Ereignisse und Sorgen erörtern konnte, waren vorüber. New York war groß, die Anfahrtszeiten sehr lang und die Zeit für jeden knapp. Wir sahen uns nur hin und wieder, ohne im freundschaftlichen Interesse am Ergehen des anderen nachzulassen.

Einen Kontakt zu unserer Vergangenheit, den wir zeitweilig brauchten, bildeten die Veranstaltungen der German Labor Delegation, das heißt einer Gruppe deutscher Sozialdemokraten. Wir trafen dort auch viele alte Freunde wieder, Kirschmann und seine Frau, Marie Juchacz, die Gründerin der Arbeiterwohlfahrt, und Rudolf Katz, einen früheren Kieler Anwalt und Freund Max Brauers, der in Verbindung mit dem Parteivorstand der SPD in London stand und unter anderem auch Informationen über alte Freunde brachte. Rudolf Katz und seine Frau Agnes (auch früher Anwalt), mit denen wir im Laufe der letzten Kriegsjahre privat viel zusammenkamen, hat später als Justizminister in Schleswig-Holstein auch entscheidend die Rückkehr von Herbert betrieben.

Zu den Freunden kamen noch Herberts Verwandte, Vetter und Cousinen, mit Anpassungs- und Kindererziehungssorgen, kurz das Leben in einem Familienverband, das in der Isolierung der ersten Jahre eines Emigrantendaseins an Bedeutung und Wärme gewonnen hatte.

Obwohl wir eine »amerikanische« Karriere eingeschlagen hatten, kamen auch die noch in letzter Minute dem Zugriff Hitlers entronnenen Flüchtlinge zu uns – wie Rauschning, Stinnes, Ted. v. Borsig, Treviranus –, auf der ersten Suche nach Kontakten in einer Umwelt, in der man sich erst bewegen lernen mußte. Eine warme Beziehung erwuchs daraus mit Franz Ullstein. Der damals nicht mehr junge Mann entwickelte eine erstaunliche Anpassungsfähigkeit und konnte seinem bescheidenen Kleinbürgerleben sogar noch gute Seiten abgewinnen. Er hatte als guter Deutscher sein Vermögen nicht ins Ausland verschoben und mußte nun von einer Substanz leben, deren Zinsen recht bescheiden waren. Er lebte mit seiner Tochter Lisbeth in einer Zwei-Zimmer-Wohnung in einer Mittelstandsgegend. Er ging oft in Vorträge und Emigrantenversammlungen. Nach einer solchen Versammlung begleitete ich ihn zum Bus. Der Bus kam nicht, dafür aber ein eisiger Wind. Der kleine, zarte Mann zitterte vor Kälte. »Soll ich ein Taxi rufen?« fragte ich. »Nein«, sagte er energisch, »dafür habe ich kein Geld.« Da Herbert seit Jahren seine Steuererklärungen machte, wußte ich, daß eine Taxe auch für ihn noch erschwinglich war, und sagte es ihm. Er lachte freundlich und meinte: »Ein wenig Härte ist ganz gesund. Wenn ich jetzt unter den alten Bedingungen in Berlin leben würde, wäre ich ein alter, verwöhnter und wahrscheinlich fauler Trottel. Hier komme ich doch noch einmal auf einer ganz neuen Ebene ans Leben heran. Es ist langweilig, über einen Autopark verfügen zu können, und besser zu frieren, weil man dann das warme Zimmer wieder genießen kann.« Und er wartete auf den Bus. Er genoß es auch, als Unbekannter durch die Stadt bummeln zu können, halbe Tage lesend in den Büchereien zu verbringen und ohne mit der früher selbstverständlichen Distanz mit Menschen zu plaudern, bei Versammlungen in der letzten Reihe sitzen und seine Beobachtungen machen zu können.

Lisbeth hatte, ebenso wie ihr Vater, alle Prätentionen des Reichtums verloren. Sie ging als Arzthelferin arbeiten und amüsierte sich über schlechte Behandlung, dumme Autorität und die Erlebnisse mit den amerikanischen Mitarbeiterinnen. Wir lachten herzlich und befreiend, wenn wir uns unsere Abenteuer erzählten. Bei einem solchen Gespräch kam ihr der Einfall, wir müßten wieder mal Dame spielen. Sie wolle eine Party geben. Die Wohnung wurde mit Teppichen, alte Kisten überdeckend, ausgestattet, Gläser wurden gepumpt, ein kleines Buffet angerichtet. Die Gäste, die sie eingeladen hatte, waren alles Leute, die auch zu einer Ullstein-Party in Berlin hätten eingeladen werden können. Sie befahl mir daher langes Kleid. Ich hatte natürlich keines. »Dann wirst du dir eben einen langen Rock kaufen, wenn du zu Ullsteins kommen willst.« Den Service machten wir beide. Es war eine sehr gelungene Party.

Entscheidend in unser Leben griff mit den Jahren Herberts einstiger Senior Accountant bei der Firma

Louis Sturz ein. Nach einer gemeinsamen Arbeitszeit in dieser Firma machte sich Otto Walter selbständig, verlor aber nicht die Verbindung zu uns. Wir sahen uns manchen Abend bei ihm oder bei uns, feierten seine Hochzeit, seine neuen Wohnungen und Büros und verfolgten und bewunderten seinen steilen Aufstieg als internationaler Anwalt. Er hatte die Sensibilität eines musischen Menschen – er malte und war sehr musikalisch – und dabei die Disziplin eines ehrgeizigen Menschen, der sein Leben nicht in Mittelstandsregionen verbringen wollte. Unsere Freundschaft beruhte schlicht auf gegenseitiger Sympathie. Es gab keine Sorge und kein Problem, mit dem wir nicht zu Otto Walter kommen konnten.

Der oft lustlosen Routine unseres Alltags konnten wir facettenreiche menschliche Beziehungen entgegenstellen. Je nach Art der Entspannung oder Anregung, die man brauchte, waren Kontakte leicht herzustellen. Nur durch dieses Gegengewicht konnten wir unsern Alltag bewältigen, Europa in uns lebendig halten. Menschliche Wärme und Freundschaft halfen uns, die schweren Jahre mit Krieg im Rücken, monotonem Alltag, den Erregungen um die Wende, die sich für Europa abzeichnete, und die Sorgen und Hoffnungen um das neue Leben, das aus den Ruinen wachsen sollte, zu ertragen.

Was wird aus Deutschland?

Im Krieg entwickelte sich die Abneigung gegen die Deutschen zu einem Deutschenhaß. Unter dem Eindruck der brutalen Kriegführung Hitlers, den Massenmorden unter der zivilen Bevölkerung der besetzten Gebiete, den unfaßbar bestialischen Judenverfolgungen und Vernichtungen, den tönenden Zerstörungsdrohungen Hitlers: »Wir werden nach der Invasion in Frankreich Englands Städte ausradieren«, begrüßte die Bevölkerung die Zerstörung der deutschen Städte mit Jubel.

Die deutschen Emigranten, die bisher jede Abwehrreaktion gegen das Hitlerregime begrüßen mußten, waren aufs neue in eine zwiespältige Lage gedrängt. Sie hatten all die Jahre, sofern sie kämpfen oder sich äußern konnten, für das »andere« Deutschland gesprochen, sie hatten Widerstandsgruppen aufgebaut und unermüdlich in ihren Gastländern auf die immer näherrückende Kriegsgefahr hingewiesen, die die westlichen Demokratien nicht erkennen wollten. Nun mußten sie wieder gegen die allgemeine Stimmung dieses »andere« Deutschland, aus dem sie kamen und das sie selber waren, ins allgemeine Bewußtsein zu bringen versuchen. Die Zerstörung der deutschen Städte löste bei ihnen naturgemäß ganz andere Reaktionen aus, als bei der Bevölkerung der kriegführenden Länder. Außerdem begriffen sie auch rascher die Problematik dieses Racheaktes. Ich denke an viele, besonders von Albert

Grzesinski laut geäußerte Zweifel über den Erfolg dieser Zerstörungsaktion, die die erhoffte Schwächung der Widerstandskraft der Deutschen nicht bringen würde, wahrscheinlich aber einen noch engeren Zusammenschluß und gesteigerten Durchhaltewillen. Die Geschichtsschreibung hat diese Bedenken später gerechtfertigt.

Diesem Beispiel für die unbeirrt eigenständige Haltung der deutschen Emigranten bei der materiell und emotional schwierigen Lage, in der sie sich befanden, könnten viele andere hinzugefügt werden. Selbst unter jüdischen Emigranten, die wahrlich alle Gründe hatten, die Deutschen zu hassen, gab es Stimmen, die dieses »andere« Deutschland nicht leugneten oder die gar in einer Umwelt des Hasses daran zu erinnern wagten. Dieses »andere« Deutschland konnte nur noch mit der schwachen Stimme der Emigranten sprechen, aber es sprach.

In den Vereinigten Staaten, die nicht von feindlichen Soldatenstiefeln zertreten und von Bomben heimgesucht waren, blieb die Freiheit auch für deutsche Emigranten erhalten, in Zeitungen und Vorträgen immer wieder Stellung zu den in Gang gekommenen Diskussionen über die Zukunft Deutschlands zu nehmen. Auch der »Aufbau« stellte sich dem Pro und Contra der Meinungen zur Verfügung. Als im »American Mercury« ein Artikel von Kingsbury Smith erschien, der die Zerstückelung Deutschlands als politisch und wirtschaftliche Einheit forderte, veröffentlichte der »Aufbau« folgende Entgegnung Albert Grzesinskis: »Ein solcher Plan würde Europa nicht die nötige politische Ruhe bringen... Neben Verhinderung von Gewaltanwendung ist politische Ruhe ein wesentlicher Faktor für die Erhaltung des Friedens... Durch militärische Dauerbesetzung, fremde Regierungspersonen und ausländische Erzieher kann man politische Ruhe nicht herbeiführen. Hier muß ein gutwilliges, sich selbst regierendes Volk freiwillig mithelfen.«

Und Hubertus Prinz zu Löwenstein schrieb: »... daß die Atlantic Charter auch für Deutschland gilt, ist selbstverständlich... Die Millionen von Deutschen, die sich Hitler niemals unterwarfen, wollen gemeinsam mit dem amerikanischen, englischen, russischen und allen übrigen Völkern ein freies Europa, eine freie Menschheit... Sie haben nicht deshalb ihren Kampf geführt, damit ihr Reich zerschlagen und an die Stelle des gegenwärtigen ein neues System von Unterdrückung gesetzt wird.«

Den deutschen Demokraten, die in der Mehrzahl von Hitler verfolgte Sozialdemokraten waren, fiel die Aufgabe zu, immer wieder nachzuweisen, wie viele Hitlergegner in Konzentrationslager gesperrt und auch vernichtet wurden, wie viele in Schutzhaft vegetierten oder unter Rede- und Arbeitsverbot standen.

Wir bemühten uns auch, in dem unerschütterlichen Glauben an die demokratischen, in Hitlerdeutschland nur unterdrückten Kräfte, darauf hinzuweisen, daß ein friedlicher Wiederaufbau des zerstörten Landes und ganz Europas nur gelingen könne, wenn der Neuaufbau der Alten Welt zusammen mit eben diesen demokratischen Kräften in Deutschland erfolge. In den Vereinigten Staaten und auch in England bildeten sich zahlreiche Vereinigungen, deren Namen alle die Worte »frei« und »demokratisch« enthielten. Auch Albert Grzesinski gründete ein »Comittee for a Democratic Germany«, das auch Herbert unterstützte. Wir wurden nicht müde zu reden, zu schreiben, Eingaben zu machen, Unterschriften zu sammeln. Sie wurden kaum gehört. Dazu war der Kanonendonner noch zu laut.

Zu den leidenschaftlichsten Sprechern für ein freies, demokratisches Deutschland gehörte auch Max Brauer, der unermüdlich um politische und moralische Unterstützung für dieses Ziel warb. Am Morgen der Bekanntgabe des Morgenthau-Plans, der Deutschland zu einem unterentwickelten Agrarland machen wollte und im Weißen Haus zunächst auch diskutiert wurde, trafen wir Max Brauer bei einem Spaziergang am Hudson River. Von weitem war ihm seine sprühende Erregung anzusehen. Er ging nicht, er stampfte den Boden mit jedem Schritt: geballte Fäuste, ein verkrampftes Gesicht, wild wehende Haare. Als er uns sah, machte er seiner Erregung Luft, die mehr als Ärger war. Er war tief verwundet. Es müsse etwas unternommen werden, aber wie und was? Am Nachmittag kam dann eine Gruppe seiner

Freunde bei ihm in seiner Wohnung zusammen, darunter auch Rudolf Katz und Friedrich Stampfer, die lange und mit recht unklaren Ergebnissen die Chancen eines Protests deutscher Sozialdemokraten besprachen. Schließlich meinte Friedrich Stampfer: »Ich hab's! Wir müssen in einer sorgfältig ausgearbeiteten Eingabe den Nachweis erbringen, welche Kosten den Alliierten aus diesem Plan entstehen würden.« Wie weit dieser Vorschlag, den keiner ablehnte, in den vielen späteren Eingaben aufgegriffen worden ist, weiß ich nicht mehr. Aber jeder benutzte alle ihm bekannten Kanäle, um die Sorgen wegen der Auswirkungen dieses Planes an kompetente Stellen weiterzuleiten.

Die Briefe, die wir in dieser Zeit von unseren Freunden aus England erhielten, zeigten die gleiche Bestürzung. Hans Vogel, der zweite Vorsitzende der SPD, schrieb uns am 13. 12. 1944: »Hier wie drüben in USA beherrscht die Agitation das Feld. Einmal wird sich die Vernunft und die kühle Überlegung wieder durchsetzen und dazu müssen wir immer wieder die notwendigen Vorarbeiten treffen... daß jede Zivilverwaltung der Alliierten nur funktionieren kann, wenn sie auf einer vernünftigen Zusammenarbeit mit den demokratischen Kräften des deutschen Volkes beruht.«

Weitaus erregter und betroffener äußerte sich Victor Schiff in einem Brief im November 1944: »Wenn doch der psychologische Krieg ebenso brillant geführt würde wie der militärische Krieg, hätte heute schon wahrscheinlich alles zu Ende sein können. Aber anscheinend teilen viele Persönlichkeiten nicht diese Meinung, und gerade sie sind es, die die Macht haben. Die Aufgabe war, das deutsche Volk von der herrschenden Gruppe der Gangster zu trennen und die Wehrmacht von der SS. Aber der günstigste Augenblick für eine solche politische Offensive wurde dazu benützt, sie wieder enger aneinander zu binden durch den Morgenthau-Plan, die Oder-Neiße-Linie und andere ähnliche Dinge ... Ich glaube nicht mehr daran, daß es noch ein Deutschland nach dem Krieg geben wird.«

Die Front der deutschen Demokraten, die sich gegen eine Zerstückelung oder gar Vernichtung Deutschlands wandte, bestand aus vielen Gruppen, sie brachte mit vielen Stimmen verschiedenste Argumente zum Ausdruck. Gerade sie, die von Hitler verjagt und ohne bemerkenswerte Stütze der in Deutschland gebliebenen Freunde durch viel Unrat der Welt gehetzt worden waren, blieben dem »anderen« Deutschland oder den »anderen« Deutschen treu und kämpften, trotz der Schwäche ihrer persönlichen und gesellschaftlichen Situation, unbeirrbar für die großen deutschen Traditionen der Menschenwürde und der Freiheit.

In den letzten Kriegsjahren konsolidierten wir unsere Existenz ordentlich und systematisch. Herbert sammelte eifrig Punkte für seine Abschlußprüfung als Public Accountant, war vom Junior Accountant zum Senior Accountant aufgestiegen, blieb fleißig und gereizt und sah im Beruf mehr eine Funktion als eine interessante Aufgabe. Auch ich hatte es zu einer Gehaltserhöhung gebracht, das Wohlwollen meines Chefs und meiner Mitarbeiter gefunden und fühlte mich auch eher tüchtig als angeregt. Die Anpassung an äußere Formen des amerikanischen Lebens war bewußt und weitgehend auch unbewußt schließlich doch erfolgt. Man kannte die Rolle, die man zu spielen hatte, und mußte sich nicht mehr plagen, um sie zu spielen. New York war zu einer vertrauten Kulisse geworden, der Ariadnefaden durch die Labyrinthe der Untergrundbahn war gefunden, der Kampf um Orientierung in dem Ameisenhaufen auf ein Minimum reduziert. Die Betongebirge über den Straßen hatten ihre erdrückende Wirkung verloren. Man kannte ihre Funktion, weil man in einem der vielen Zimmer der Wolkenkratzer einen Schreibtisch gefunden hatte, an dem man den Tag in emsiger Arbeit verbringen durfte. Wir waren amerikanisiert. Bald würde sich auch die Frage stellen, ob wir Amerikaner werden wollten.

Zu Hause, nach der Arbeit, brachen allerdings die alte Identität, die eigene Sprache, die eigenen Spannungen, in die uns die Welt versetzte, mit Macht wieder durch. Wir verfolgten mit einer unheimlichen, weil zur Passivität verurteilten Erregung die Niederlagen der Achsenmächte an allen Fronten, den immer enger und fester werdenden Ring der Alliierten um Deutschland. Der Vormarsch vollzog sich in einem Tempo, wie wir es zu Beginn des Krieges von den Achsenmächten gekannt hatten. Im Januar 1944 war die Rote Armee bis zur ehemaligen polnischen Ostgrenze vorgedrungen, die Alliierten waren im Rücken der italienischen deutschen Front gelandet. Im Juni wurde Rom von den Deutschen geräumt, General de Gaulle hielt seinen Einzug in Paris. Wir sahen die jubelnden Menschen in den Champs Elysées – nicht etwa im Fernsehen, das gab es damals noch nicht für uns –, aber in unserer Phantasie. Wir waren in Gedanken unter ihnen, jubelten mit ihnen, denn »unser« Frankreich hatte wieder die Chance, zum Leben zu erwachen. Wir wußten auch, daß es tief verwundet war von Demütigung und Korruption, von Kriegshandlungen auf französischem Boden und von materieller Not. Aber es war frei. Es konnte wieder anfangen, sich neu zu gestalten. Wir hatten die Aussicht, unsere Freunde wiederzusehen, die alle in Widerstandsgruppen verschwunden waren. Hatten sie überlebt?

Einer unserer nächsten Freunde war von den Nazis ermordet worden – Pierre Brossolette. Wir erfuhren es durch Victor Schiff, der mit seiner Familie nach London geflohen war und engen Kontakt mit den Organisationen der französischen Emigration gehalten hatte. In einem Brief vom 26. 11. 1942 hatte er uns berichtet: »Den Brief an Brossolette habe ich sofort weitergegeben. Er schien sich sehr zu freuen, von Ihnen zu hören ... Es heißt allgemein, daß Brossolette während der Pariser Zeit ungeheuer tapfer, ja heroisch war, und die

Tatsache, daß ihm de Gaulle den Orden der ›Libération‹ verliehen hat, der eine überaus seltene Auszeichnung ist, spricht in der Tat dafür. Er ist jetzt Kommandant.«

Zwei Jahre später, im November 1944, erhielten wir von Victor Schiff wiederum eine Nachricht über Brossolette: »Sie fragen mich nach Brossolette. Ich hätte Ihnen die furchtbare Wahrheit bereits im April mitteilen können, aber die Zensur hat die Nachricht erst letzten Monat freigegeben. Er war einer der bewunderungswertesten Helden des französischen Widerstandes. Ich erfuhr erst nach seinem Tod, daß er mindestens vier Reisen in geheimer Mission von London nach Frankreich gemacht hatte... Menschen wie er machen uns, die wir geringere Risiken im Kriege auf uns genommen haben, klein und beschämt.«

»Marchons, marchons, Pierre Brossolette«, hatte Herbert ihm in einem seiner ersten Briefe nach London geschrieben. Nun war der beste Kamerad im Völkerkrieg für Menschenrechte und gegen diktatorische Gewalt gefallen.

Anny hatte in der Résistance schwere Lastwagen gefahren und ebenso überlebt wie auch meine Schwester, die mit ihrem Mann, einem spanischen Gewerkschaftsführer im Exil in Frankreich, für die Résistance arbeitete. Briefe von alten Freunden aus Frankreich erreichten uns wieder. Frankreich war wieder da.

Die Ereignisse und Nachrichten, die in den letzten Monaten des Jahres 1944 auf uns einstürzten, bewegten uns auch deshalb so stark, weil wir eine Generation der Enttäuschten und Geschlagenen waren. Einer dieser Generation, ein zuverlässiger sozialdemokratischer Freiheitskämpfer hat dieses Immer-Verlierer-Sein in einer kritischen Situation sehr präzise formuliert. In den Tagen der Okkupation Frankreichs durch die deutsche Armee lag er, am Bein verwundet, im Krankenhaus und konnte nicht fliehen. Ein deutscher Offizier kam an sein Bett und forderte ihn freundlich auf, wieder heim ins Reich zu kommen: »Du wirst dich wundern, was für ein herrliches, stolzes Land wir geworden sind, und du wirst begeistert mit uns für ein Großdeutschland kämpfen.« Der Widerstandskämpfer überlegte in seiner hilflosen Lage eine ausweichende Antwort. Schließlich sagte er: »Ich möchte dir den guten Rat geben, diese Aufforderung noch einmal genau zu überlegen. Denk daran, daß ich schon im Ersten Weltkrieg mitgekämpft habe – wir haben verloren. Später habe ich unter dem Banner Schwarz-Rot-Gold gekämpft – wir haben verloren, im spanischen Bürgerkrieg habe ich auf der Seite der Loyalisten gekämpft – wir haben verloren. Jetzt habe ich mit Frankreich gekämpft – wir haben verloren. Willst du wirklich, daß ich zurückkomme?«

Erstaunliche Veränderungen gehen in Menschen vor, die jahrelang gewohnt waren, gegen den Sturm anzugehen, und ihre Kräfte, Erlebnisinhalte, ihre Widerstandstechnik darauf einzustellen hatten. Mit dem Sturm im Rücken verändern sich auch die Reaktionen, weil er einen vorwärtsstößt. Diese plötzliche Änderung der Windrichtung in unserem Leben versetzte uns zuerst in fassungsloses Erstaunen, dann in einen Taumel von Hoffnungen und schließlich in Nachdenken und wachsende Sorgen, wie der Trümmerhaufen wieder aufgeräumt werden könne.

Zunächst war aber auch dieses Nachdenken noch ergebnislos, noch zu früh. Der Krieg war noch nicht zu Ende, die Schäden, die emotionalen Unwägbarkeiten, die er hinterlassen würde, noch nicht abzuschätzen, die menschlichen Opfer, der Schmerz und die Belastung, die sie bringen würden, noch nicht zu übersehen. Gewiß war nur, daß die Alliierten die Sieger sein würden und die bedingungslose Unterwerfung verlangten, solange Hitler an der Macht war. Der Weg bis zur Waffenruhe, die allein einen Überblick über das zurückgelassene Trümmerfeld erlauben konnte, schien noch sehr weit.

Der lange Weg war begleitet von Prognosen, von Pessimisten, die das Ende Deutschlands voraussagten. Zu ihnen gehörte auch Otto Braun, der mit wachsender Sorge die Roten Armeen ins Reich vordringen sah und das Ende seines geliebten Preußens voraussah. Zu den Optimisten gehörte Dr. Klepper, der letzte preußische Finanzminister, der in die Emigration gegangen war und nun in Mexiko lebte. Er schrieb uns am 8. Februar 1944 – mit großzügigem Blick über alle bestehenden Schwierigkeiten hinwegschauend: »Gelingt es, die deutschen gesellschaftspolitischen und sozialen Probleme zu lösen, so werden wir nicht nur selbst den Krieg überwinden, sondern auch gleichzeitig den anderen einen Dienst leisten und also manches wieder gut machen.«

Das mißglückte Attentat auf Hitler führte Deutschland einem blutigen Ende entgegen. Unter den hingerichteten Verschwörern waren einige unserer Freunde. Die Passivität, das Warten, das Tappen im Nebel der Befürchtungen verwundeten. Die Zahl der Hinrichtungen aus dem »Kreisauer Kreis«, der Gruppe, aus dem die Verschwörer kamen, wuchs nach Nachrichten, die uns erreichten, angeblich auf fünftausend. Die in den Konzentrationslagern und Gaskammern Ermordeten wurden gar nicht erst gezählt.

Wir verfolgten mit fiebriger Neugierde den Vormarsch der Alliierten im Westen, Osten und Süden, versuchten uns ein Bild von den Zuständen zu machen, die die Alliierten vorfanden, aber die Informationen blieben dürftig und konnten keinen Gesamteindruck vermitteln. Die neue Wirklichkeit, mit der wir in Zukunft leben würden und leben wollten, war noch nicht zu erkennen. Wir waren in der Erregung, in der wir uns befanden, menschenhungriger als je zuvor, suchten in jeder freien Minute Menschen mit ähnlichen Erlebnisstrukturen, mit denen wir gemeinsam hoffen und sprechen konnten. Der Zustand erinnerte an die Zeit der Flucht aus Frankreich, in der man in einer irrealen Welt lebte und nach keiner Richtung hin planen und denken konnte.

Der Krieg ist aus

Es war ein warmer Maientag. Ich stand am Times Square, als die Lichtbuchstaben am Hause der New York Times die Nachricht von der Gesamtkapitulation der Deutschen in die dichte Menschenmenge hineinstrahlten. Lauter Jubel brach los. Ich hörte ihn kaum. Mit zitternden Knien setzte ich mich in das nächste Café. Die Spannung machte der Gewißheit Platz, daß von heute ab ein neuer Lebensabschnitt für die Welt und wahrscheinlich auch für uns begonnen hatte, der jahrelang herbeigesehnt und nun möglich geworden war. Mit welchen Schrecken der Zerstörung würde er beginnen, welche Wiederaufbaukräfte würden geweckt werden und welche Enttäuschungen würden all die vielen, nun aufkommenden Hoffnungen wieder zerschlagen?

Am Abend, nach der Arbeit, trugen wir unsere Unruhe hinaus, auf den Broadway, in das laute Menschengetümmel, in Jubel und Rausch. Visionen einer zerstörten und wieder aufzubauenden Welt trieben uns viele Male den Broadway hinauf und hinunter. Die Zeichen standen nicht eben günstig. Die Rote Armee stand in Berlin, der begabte Taktiker, die große Führungskraft der westlichen Welt, Roosevelt, war gestorben, die Wirtschaft aller kriegführenden Länder war ausgeblutet. Welche Kräfte, welcher Aufbauwille, welche Machtverhältnisse würden nun in Bewegung gesetzt werden?

Wir vergaßen, daß nur der europäische Krieg zu Ende war, daß das Ende dieses Weltkriegs mit all seinen neuen Schrecken noch ferne lag. Erst im August fielen die Atombomben auf Nagasaki und Hiroshima als furchtbarer Schlußakkord einer Menschheitstragödie. Im September 1945 marschierten die amerikanischen Truppen in Tokyo ein. Die Waffen schwiegen nun endgültig. Aber das Chaos schrie.

Mit Staunen beobachteten wir, mit welcher Elastizität sich die USA auf den Normalzustand einzustellen versuchten. Die Wirtschaft begann sofort die Umstellung von Kriegs- auf Friedensindustrie; die düsteren Voraussagen von einer Million Arbeitslosen erfüllten sich nicht. Die Regierungen rüsteten sich, die Boys, die aus dem Krieg kommen würden, wieder planmäßig in Wirtschaft und Gesellschaft einzugliedern mit einem breit konzipierten Angebot an Umschulungskursen, Berufsausbildungs- und Studienplänen. Einer der bedeutendsten Mitarbeiter an diesen didaktischen Plänen war Professor Gaede, ein einstiger Ministerialrat im Preußischen Kultusministerium, der ohne jeden äußeren Zwang, nur aus Ekel vor dem deutschen Naziwunder, mit drei kleinen Kindern ins Ungewisse ausgewandert war, Dean im Brooklyn College wurde und jetzt ein in den USA geachteter und bekannter Pädagoge war. Wir haben viel Freundschaft von ihm erfahren und konnten den Freund, der von manchen Länderregierungen um Rat und Anregung für den Wiederaufbau des deutschen

Schulwesens gebeten wurde, später in Hamburg oft begrüßen.

In diesen Tagen konnte man unter den Emigranten, ob sie bereits Amerikaner geworden waren oder noch nicht, je nach ihren Erfahrungen in der Emigration, sehr unterschiedliche Reaktionen beobachten.

Im August 1945 kündigte uns Hans Vogel die Rückkehr des Parteivorstandes der SPD nach Deutschland an, sobald dies erlaubt würde. Er schrieb: »Der Sinn unserer Emigration war, Zuflucht im Ausland nur solange zu suchen, als in Deutschland die Fortsetzung unserer Arbeit ohne Gefährdung von Freiheit und Leben nicht möglich war. Der Auftrag, von außen her die Bewegung im Lande zu fördern und für sie im Ausland zu sprechen, geht jetzt seinem Ende entgegen, und da ist es für uns selbstverständlich, daß wir wieder an unseren Platz zu Hause zurückkehren und unsere Pflicht tun werden. Ich glaube Grund zu der Annahme zu haben, daß uns die Genossen zu Hause erwarten.«

Viele der alten Sozialdemokraten wie Vogel zweifelten nicht daran, daß die deutsche Arbeiterschaft bereit war, den Wiederaufbau eines demokratischen Deutschlands in die Hand zu nehmen. So einig sie alle im Glauben an die Arbeiterschaft und an ihre Aufgabe nach der Rückkehr nach Deutschland waren, so uneinig waren sie in der Frage der Zusammenarbeit mit der roten Besatzung. Die Meinungen reichten von totaler Ablehnung über vorsichtige Versuche der Zusammenarbeit bis zu Einheitsfrontideen. Die Erinnerung an die Sowjetunion als Bundesgenosse im Krieg gegen Hitler war noch zu nahe.

Andere politisch Verfolgte, darunter auch viele Sozialdemokraten, denen die Erfahrungen der Emigration ein skeptischeres Weltbild gegeben hatten, dachten nicht so geradlinig. Sie hatten pragmatisch zu denken gelernt und äußerten sich noch nicht zu den undurchschaubaren Verhältnissen, die gestaltet werden sollten. Auch die Politik der Siegermächte war für sie noch nicht abzuschätzen, vor allem nicht die Reaktionen eines nationalistisch hochgeputschten, schließlich geschlagenen und durch Höllen gegangenen Volkes. Von einer möglichen Rückkehr wurde nur vage oder gar nicht gesprochen.

Max Brauer sprach auch nicht darüber. Als aber das erste Schiff mit einer Delegation der American Federation of Labor nach Deutschland fuhr, war er mit dabei. Die »nächste Woche«, auf die er so viele Jahre mit so viel Zuversicht gewartet hatte und die ihn endlich wieder nach Hause bringen sollte, war im Sommer 1946 gekommen. Er tauchte wie ein Märchenkönig, den ein böser Widersacher vertrieben hatte, in seinem Lande auf. Er kehrte zurück, um sein geliebtes Volk aus der großen Not, die der böse Widersacher heraufbeschworen hatte, zu befreien. Und sein Volk empfing ihn mit Freuden.

Auch Rudolf Katz verließ die Vereinigten Staaten im Jahre nach Kriegsende. Der Parteivorstand der SPD zog von London nach Hannover. Die SPD begann, sich wieder aufzubauen, voll Optimismus auf seiten der Heimgekehrten, mit viel Skepsis, aber auch gutem Willen auf seiten derer, die den Krieg auf deutschem Boden überstanden hatten.

Sogar deutsche Emigranten, die zu zweihundertprozentigen Amerikanern geworden waren, wurden von Heimweh und der Neugierde gepackt, die Heimat wiederzusehen und zu erfahren, was aus ihr geworden war. Sie gingen in amerikanischen Uniformen als »officers for the reeducation of the German people« zurück, unter ihnen auch Hedwig Wachenheim, die im Grunde ihres Wesens tief in der Heimat verwurzelt war, und Robert Kempner, zunächst als Ankläger in den Nürnberger Prozessen. Sie blieben jahrelang oder endgültig in der Heimat.

Doch die Mehrheit der Emigranten, vor allem die Juden, wollten das Land, das sie vertrieben hatte, nicht mehr wiedersehen. Für sie waren die Deutschen ein verabscheuungswürdiges Mördervolk, mit dem sie nie wieder in Berührung kommen wollten – eine Meinung, die viele der westlichen Völker damals teilten. Die Wunden waren auch bei vielen der jüdischen Intellektuellen oder Künstler zu groß, selbst wenn sie objektiver und realistischer dachten. Zu ihnen gehörte auch Ernst Hamburger. Er mußte zwei Jahrzehnte vergehen lassen, um die Kraft zu einem Wiedersehen aufzubringen.

Mit der Rückkehr von Max Brauer und Rudolf Katz

und der Etablierung des Parteivorstandes der SPD in Hannover wurden die ersten Fäden zur Alten Welt gesponnen. Adressen wurden herumgereicht oder erfragt, erste Lebenszeichen wurden ausgetauscht. Die Zahl der Briefe, die über den Ozean kamen, steigerte sich von Monat zu Monat. Die verschollenen oder untergetauchten Familienmitglieder wurden wiederentdeckt. Die warme Freude alter Freunde beglückte uns. Allerdings gab es auch manche praktisch Denkenden, die Verbindung mehr der Pakete als unserer Person wegen suchten. Ekelerregend waren einige Schreiben von Leuten, die Herbert aus der Vor-Hitler-Zeit kannten und nun nach vierzehnjährigem Schweigen Entnazifizierungsbescheinigungen von ihm verlangten. Die Palette wurde immer breiter, die Fäden immer dichter.

Die wachsende Korrespondenz verpflichtete uns. Alle hatten Hunger, hatten wenig Kleider und froren. Wir mußten Pakete herüberschicken, an die vielen Verwandten Herberts, die in Holland untergetaucht waren, an meine Mutter in der Tschechoslowakei, an meine Schwestern in Wien und Paris. Auch ihre Lebensretter hatten Anspruch auf Hilfe. Dazu kam die immer wachsende Zahl von Freunden und Bekannten, die sich bei uns meldeten. Unsere spärliche Freizeit bestand aus Paketemachen. Wie wichtig diese Aufgabe war, erkannten wir zwar erst später, wir griffen sie aber willig auf – ohne die ganze Tragweite des Hungerns einschätzen zu können –, weil es eine aktive Aufgabe war und die

Brücken nach drüben auf diese Weise gefestigt wurden. Ich stand oft stundenlang nach des Tages Arbeit im Postamt Schlange, um Sendungen nach drüben aufzugeben, übermüdet und doch glücklich, etwas tun zu können.

Aus uns armen gejagten Hunden waren mit einem Schlag Spender geworden, nach deren Gebegroßmut man schrie. Die Rolle war neu. Aber wir hatten ja in den vergangenen zwölf Jahren viele Rollen zu spielen gelernt.

Die neuen Tatsachen, vor die das Kriegsende die ganze Welt, viele Millionen Menschen, darunter auch uns, stellte, forderten zu neuen Auseinandersetzungen heraus. Wie sollten wir uns in diese neue Wirklichkeit einreihen, wo und wann würde sich in Zukunft eine Möglichkeit bieten, an der Gestaltung dieser neuen Lage mitzuwirken? Würden wir überhaupt noch fähig sein, mit anspruchsvollen Hoffnungen an der Überwindung der furchtbaren Zerstörung mitzuwirken?

Die Frage nach einem zukünftigen Leben in der Neuen oder in der Alten Welt war zwar aus technischen Gründen noch gar nicht akut, weil Nicht-Amerikaner gar keine Einreiseerlaubnis in die besetzten Gebiete Europas erhalten konnten. Trotzdem beherrschte sie fast drei Jahre lang unser Leben. In der regen Korrespondenz nach drüben versuchte Herbert unermüdlich, Informationen über politische, wirtschaftliche, soziale Zustände zu bekommen, über die Stimmung in der Bevölkerung, ihre Reaktion auf den Zusammenbruch und ihren Willen zu einem neuen Anfang. Die vielen Antworten, die er erhielt, ergaben, gewiß mit verschiedenen Augen gesehen, ein übereinstimmendes Bild.

Der frühere Zentrumsabgeordnete der Weimarer Republik, Carl Spiecker, den wir aus der Emigration in Frankreich gut kannten und der bereits 1946 nach Essen zurückgekehrt war, um seine alte Zentrumspartei wieder aufzubauen, schrieb uns kurz nach seiner Rückkehr: »... Es fehlt hier überall an unbelasteten und tüchtigen Menschen. Die Aufgabe, die gestellt ist, scheint aber unlösbar, und die Folge muß sein, daß jede gute Kraft sich verbraucht und, wie das immer ist, derjenige, der Verantwortung nicht scheut, geht mit größerer Sicherheit und Schnelligkeit drauf als der andere, der nur geschickt mitläuft und Verantwortung scheut. Obwohl es gewiß nicht in der Absicht der Siegermächte liegt, das deutsche Volk zugrundegehen zu lassen, konnte es bislang nicht den Glauben gewinnen, daß ihm wirklich eine neue Chance gegeben werden soll. Es mag sein, daß der jetzt von den Amerikanern und Engländern beschrittene Weg in einigen Monaten wenigstens einem Teil des deutschen Volkes wieder Hoffnungen zu vermitteln vermag, aber im großen gesehen bleibt die Lage düster und trostlos. Der Krieg ist über die Köpfe der Menschen hinausgewachsen, und der Friede stellt an sie eine noch größere Aufgabe als der Krieg, denn diese letztere sollte nur durch den Kopf gelöst werden. So weit sind wir noch nicht ...«

In einem kurz darauf folgenden Brief heißt es: »Wir leiden unter der Nichtübereinstimmung der Siegermächte in Fragen, die unser Leben berühren. Aber wahrscheinlich sollten wir froh sein, daß wir darunter leiden.«

Der Schwiegersohn Karl Severings schrieb im Januar 1947: »Aber vor allem sehe ich doch, daß es vorerst gar nicht möglich ist, den deutschen Menschen zu zeigen, wie segensreich eine Demokratie sein kann und wie eine richtig funktionierende Demokratie aussieht. Wir selber dürfen nicht regieren, und was uns angeordnet wird, beruht nicht auf einem freien Willensentschluß irgendwelcher Parlamentarier. Die Menschen hier sehen das, was ihnen als Demokratie genannt wird, als Krise, Hunger und Elend. Daß daran die Deutschen und vor allem die Nationalsozialisten selbst schuld sind, ist klar, aber verlangen Sie von einem frierenden Menschen, der hungert, Vernunft.«

Diese düsteren Berichte hinderten Herbert nicht daran, Erich Ollenhauer nach der Rückkehr des Parteivorstandes nach Hannover zu schreiben: »Aber ich beneide Sie doch sehr, für eine soziale Aufgabe einstehen zu können und ideell wieder für etwas leben und arbeiten zu können, was uns hier versagt ist.«

Die brennende Sehnsucht Herberts, mitzuhelfen, eine zerstörte Welt wiederaufzubauen, sein Wunsch, zu wirken und nicht nur Geld zu verdienen, wurde allerdings schwer überschattet von der antisemitischen Vergangenheit des deutschen Volkes und den Verbrechen, die damit verbunden waren; auch seine Mutter, Schwester und sein Schwager waren Auschwitz zum Opfer gefallen. »Wem kann ich drüben noch die Hand geben?« fragte er unter dem Eindruck von schriftlichen Bitten entfernter einstiger Bekannter um »Persilscheine«. Ekel und Sehnsucht waren dicht beieinander, sie erzeugten ein Spannungsfeld, das jahrelang sein Leben beherrschte.

Dem Gesetz, nach dem er angetreten war, folgend, führten diese Spannungen nicht in zermürbende Grübeleien, die zunächst doch nichts lösen konnten. Er konzentrierte sich mit übersteigerter Kraft auf den Ausbau seiner Existenz als Wirtschaftsprüfer. Das für ihn schwer zu ertragende Dasein eines Angestellten sollte langsam in eine selbständige Existenz verwandelt werden. Neben der Arbeit in seiner Firma baute er sich an den Abenden einen eigenen Kundenkreis auf, der ihm eine gewisse Sicherheit in den ersten Zeiten einer selbständigen Praxis bieten sollte. Er plante und handelte zunächst, als ob er in den Staaten bleiben werde. Er arbeitete hart, konsequent und verbissen, war gereizt und lockerte sich nur noch in Briefen an Freunde in seiner persönlichen Diktion, Lebendigkeit, Neugierde und Dynamik.

Auch ich war gezwungen, ein neues Kapitel meines amerikanischen Daseins zu beginnen. Mein Arbeitgeber, der Coordinator for International Affairs, brach seine Zelte in New York ab und zog nach Washington. Die Vorstellung, wieder auf Jobsuche gehen und mich einer mehr oder weniger erträglichen amerikanischen Büroatmosphäre anpassen zu müssen, schreckte mich. Wie so oft in unserem Leben, brachte ein Zufall schließlich die Entscheidung. Er brachte mich mit einem Fellhändler und seiner Frau zusammen, die meine verspielte Idee, aus den damals recht billigen Schaffellen Pelztiere zu machen, aufgriffen und meine Schnittentwürfe gut fanden. Ich lernte bei ihnen einige Tage, mit Fell umzugehen, stellte einige Mustertiere her und war froh, wieder einmal mit Händen und Phantasie zu tun zu haben. Diese Zufriedenheit gab mir auch den Mut, nach einigen ersten Aufträgen einen Laden zu mieten – billig, gleich neben Harlem, dem Viertel der Schwarzen –, vier alte Pelznähmaschinen zu kaufen und mit sechs schwarzen Mädchen eine kleine Pelztierproduktion zu eröffnen.

Dieser Sprung in eine neue Tätigkeit war ein neues Abenteuer, mit ganz anderen Anforderungen in einer bisher ungekannten Umwelt. Ich war Buchhalter, Zuschneider, Einkäufer und Verkäufer in einem. Die Wanderungen mit dem Musterkoffer von Warenhaus zu Warenhaus, von Geschäft zu Geschäft brachten Einblikke in die unterschiedlichsten Gesellschaftsschichten. Ich lernte die brutalen, aber auch die freundlichen Seiten des Landes kennen. Jeder Tag brachte neue Überraschungen. Da ich durch mein Abenteurerleben unverwundbar geworden, aber doch neugierig geblieben war, hatten ordinäre Abfuhren überhaupt nichts Demütigendes mehr für mich. Ich betrachtete eben den reichen Zoo des lieben Gottes und lernte manches über Menschen und die Bedingungen, die sie geformt hatten, hinzu.

Natürlich war ich kein guter Geschäftsmann und schon gar nicht ein harter Kleinunternehmer. Aber ich lernte die Härte des Kampfes solcher Kleinunternehmer um Selbstbehauptung kennen und war sehr stolz, als einer meiner wichtigsten Abnehmer beim Aushandeln des Preises für eine neue Lieferung freundlich lobend sagte: »Sie lernen aber gut dazu.« Trotzdem blieb dieses Geschäft keine Meisterleistung an Managertum, aber eine wichtige Erfahrung, die mein Erlebnis der Vereinigten Staaten und ihres Way of Life »from the bottom« und meiner eigenen Fähigkeiten in diesem Existenzkampf abrundete.

Ein intensives Erlebnis, das mir diese Arbeit brachte, war die Nähe und Zusammenarbeit mit der schwarzen Bevölkerung. Mein Laden lag am Rande von Harlem zwischen kleinen Handwerksbetrieben und Läden in einer recht armseligen Gegend. Spannungen zwischen Weißen und Schwarzen lagen ständig in der Luft und beherrschten zeitweilig auch die Straße. Es gelang mir anfangs auch nicht, die schwarzen Mädchen, die bei mir arbeiteten, aus ihrer Distanz und leicht aggressiven Reserve herauszuholen. Erst als ich sie aufforderte, unser Lunch gemeinsam am runden Tisch in meinem Büro einzunehmen, brach das Eis. Einige von ihnen hatten noch nie mit einem Weißen an einem Tisch gesessen. Bald brachten sie selber Tischtuch, Teller, Gläser mit, damit wir mittags nett zusammensitzen konnten, plauderten zunächst zurückhaltend und etwas befangen, später immer offener und zutraulicher, bis die ganzen Familiengeschichten erörtert wurden, vor allem aber auch die Klagen über Demütigungen und Benachteiligungen aufbrachen. Wenn ich dann die Demütigungen, Nöte und die schlimmsten Verbrechen Hitlerdeutschlands an Juden und andern erzählte, wurde von allen derselbe Einwand gemacht: »Sie sind nicht schwarz, man kann sie nicht gleich erkennen.« Ihre Sehnsucht war damals, eine immer hellere Haut zu bekommen wie die Weißen und immer glatteres Haar – wie die Weißen. Das hat sich inzwischen geändert. Die Schwarzen haben ihre Identität gefunden.

In den Jahren der Büroarbeit war ich immer etwas gelangweilt. Die schwarzen Mädchen dagegen brachten mir jeden Tag Überraschungen. Während eines stärkeren Gewitters fand ich sie unter Nähmaschinen und Tischen verkrochen, nach lautem Lachen im Arbeitsraum kam gewiß eine zu mir gestürzt, um mir über die Ursache des Gelächters zu berichten. Wenn sie sich bewegten, zeigten sie die hinreißende Anmut von Katzen oder jungen Panthern, tänzelnde Kraft in langen Armen und Beinen und den schmalen, langfingrigen

Händen. Sie überraschten mich mit dem Angebot, im Akkord zu arbeiten, um eine dringende Lieferung herauszubringen, und kamen auch nach Feierabend in mein Büro, um zu verlangen, daß auch ich Schluß mache. Sie brachten mir ursprüngliche menschliche Warmherzigkeit entgegen. Die Jahre des Wartens auf eine Entscheidung, welcher Kontinent unsere Heimat werden sollte, wurden mir auf diese Weise entschieden leichter gemacht.

Rückkehr

Die Alte Welt ruft

Die vielen Briefe, die wir erhielten und die Antworten verlangten, zwangen Herbert zur ständigen Auseinandersetzung mit der Alten Welt und den wiedergefundenen Menschen. Unter den wenigen Briefen, die noch erhalten sind, gibt der folgende sehr unmittelbar erste Kontaktgespräche wieder. Der Brief ist an seinen Freund Hans Darge gerichtet, mit dem zusammen er Studentenzeit, Kapp-Putsch, Eintritt in die Sozialdemokratische Partei und die ersten Versuche eines Neuaufbaus Deutschlands erlebt hatte. In ihm kommt deutlich der Zwiespalt zum Ausdruck, in dem sich Herbert bei der Begegnung mit früheren Freunden befand: »6. Oktober 1946. Dein Brief löste auf der einen Seite eine freudige Reaktion aus, weil es der erste Brief war, der von drüben kam, und damit zugleich der Brief einer Person war, an die ich früher als Nr. 1 unter meinen Freunden zu denken gewohnt war. Auf der anderen Seite lagen zwölf Jahre des Schweigens vor diesem Brief, und wenn ich für dieses Schweigen auch immer mir selbst eine Anzahl von Gründen aufzählen konnte, so schienen mir diese Gründe letztlich nicht durchschlagend. Vielleicht war auch mein Eindruck falsch, ... daß hier nur ein Versuch vorlag, jetzt wieder an die neuen Umstände unter Kreditansprüchen an alte Zeiten anzuknüpfen. Wie immer gerechtfertigt oder ungerechtfertigt dieser Eindruck sein möge, ich schulde

Dir, es Dir offen mitzuteilen, wenn wir wieder zu einem Verhältnis zueinander kommen sollten.

Wenn dieser Eindruck jedenfalls entstehen konnte, so knüpft er an Erlebnisse von mir an, die sehr wirklich sind. Um nur eines wiederzugeben: Es war auf irgendeiner Landstraße in Frankreich im Jahre 1940, als ich das letzte Mal lebhaft an Dich dachte. Ich war von den Franzosen in ein Lager nahe Tours gebracht worden und brach aus, als die Deutschen näher rückten, um mich nicht von ihnen erwischen zu lassen. Damals wanderte ich bei Nacht über 300 Kilometer durch Frankreich, am Tage bombardiert, in der Nacht im Chausseegraben, von meiner Frau, die im Süden irgendwo in ein Lager gebracht war, getrennt, ein von der Gesellschaft ausgestoßener Landstreicher. In diesen Stunden kam mir die Vision Deines mutmaßlich komfortablen Hauses in Dessau und der verbitterte Eindruck des Verlassenseins von Freunden und Freundschaften, die sich gerade in schweren Zeiten hätten bewähren sollen.

Auch etwas anderes muß ich noch hinzufügen. Ich teile nicht die These von der Gesamtschuld, und ich halte die Anlage des Friedens von heute unter jedem Gesichtspunkt für verfehlt. Ich mag aber auch nicht das Schweigen freisprechen, das intellektuellen Kreisen bereit ist, die ganze mörderische Brutalität des Dritten Reiches, der auch meine Mutter und meine Schwester zum Opfer gefallen sind, zu decken. Es ist ein Schweigen, über das ich einfach nicht hinwegkommen kann . . .

Vielleicht sollte ich noch einen anderen Punkt erwähnen im Hinblick auf meine unmittelbare Lage. Es ist sicherlich so, daß es heute in Deutschland für Dich und die ganze Bevölkerung sehr hart ist. Es ist sicherlich so, daß auch Ihr seit Kriegsende durch Schweres gegangen seid und Opfer zu bringen gehabt hat. Aber Du bist in der Heimat verwurzelt geblieben . . . Du vermagst Dich zumindest einer sozialen Gemeinschaft einzugliedern und verantwortlich soziale Aufgaben zu übernehmen, wenn Du willst. Ich bin hier im dreizehnten Jahr im Exil. Konnte ich mich in Europa eingliedern, so lebe ich hier eigentlich außerhalb einer sozialen Gemeinschaft, die an Interessen und Erfahrungen anknüpft, die eben meine Tradition sind. Dieses Land hat manches Große, aber es ist ein Land des wirtschaftlichen Individualismus und einer Traditionsungebundenheit, in der sich der Europäer wurzellos fühlt. Ich lebe ein Dasein, in dem ich das Empfinden habe, daß meine eigentlichen Kräfte brachliegen.

Auch so, und ich spreche es offen aus, rufen Briefe von drüben gemischte Gefühle hervor.«

Die Antwort Hans Darges auf diesen Brief gibt mit ähnlicher Unmittelbarkeit die Haltung der intellektuellen Deutschen wieder, die niemals Konzessionen an das Dritte Reich gemacht haben, aber doch geblieben sind, geschwiegen haben und so durchkamen: »November 1946. Dein Brief war mir eine große Freude. Wenn Du auch mancherlei Vorbehalte hast, so erkenne ich doch den alten Jugendfreund wieder. Ich will und kann die Berechtigung Deiner Kritik zu einem wesentlichen Teil nicht abstreiten. Im Alten Testament steht der Spruch ›Wer sein Leben gewinnen will, der wird es verlieren‹. Ich habe, wie viele andere, mein Leben und den Rest meiner äußeren Freiheit und die bürgerliche Existenz nicht verlieren wollen, und so verlor ich mehr: die innere Freiheit, die das Bewußtsein gibt, keine Konzessionen an eine verhaßte, des ›höheren Menschen‹ unwürdige Macht gemacht zu haben. Dabei handelt es sich natürlich nicht um das, was ich tat, sondern um das, was ich unterließ. Es gibt eben Situationen, in denen man die Klugheit beiseitelassen und nur dem Herzen gehorchen soll. In diesem Sinn bin ich auch Anhänger der These von der Gesamtschuld, von der allerdings die zahlreichen Dumm- und Dumpfköpfe, nicht aber die geistig und ethisch Hochstehenden freizusprechen sind, wenn das auch zu dem paradoxen Lob der Dummheit führt...

Mein Lieber Freund, wie schön wäre es, wolltest Du es unternehmen, in unser Land des Unheils zurückzukehren. Es lagern noch so viele schwere Wolken darüber, daß wir, durch die Erfahrung zu Pessimisten erzogen, uns nicht wundern, wenn nur wenige, die dem Dritten Reich entronnen sind, an Heimkehr denken...

Aber komme einmal wenigstens zu uns herüber und sieh Dir an, wie es steht. Eine Aussprache mit der alten schonungslosen Gründlichkeit unserer Diskussionen in Breslau wäre ein Labsal.«

Die meisten Briefe, die seit Kriegsende aus Deutschland kamen, waren viel weniger komplizierte Auseinandersetzungen, es waren Briefe voll Freuden des Wiederfindens, wie etwa der Brief Adolf Grimmes, des letzten Kultusministers von Preußen, seit 1946 Minister in Niedersachsen. Er schrieb: »Nach so vielen Jahren diese Zeilen! Wie oft habe ich in diesem argen Dutzend Jahre an Euch gedacht. Dabei war ich immer überzeugt, daß Ihre Emigration nur eine gleichsam ausgedehnte Besuchsreise in andere Länder darstelle und darf doch gewiß annehmen, daß Sie wiederkommen. Menschen Ihrer Art wären bei dem ausgesprochenen Mangel an guten Leuten für die Schlüsselstellungen so nötig.«

Diese und andere Rufe, zurückzukommen, veranlaßten Herbert immer wieder, präzise Fragen zu stellen, die niemals präzise beantwortet wurden, weil dies eben aus der damaligen Situation in Deutschland nicht möglich war. Es war für Herbert daher schwer, irgendeinen Entschluß zu fassen unter den Schatten der Vergangenheit, mit denen er unvermeidlich immer rang. Ich konnte ihm wenig in diesem Konflikt helfen. Aber ich wußte sehr genau, daß er Deutschland wiedersehen müsse und erst dann eine freie Entscheidung treffen könne, ob er bleiben oder sein Leben in den Vereinigten Staaten fortführen wolle. Auch bei ihm verdichtete sich diese Einsicht. Er mußte seine alten Freunde wiedersehen, das Chaos Deutschland und die Aufgaben, die sich aus diesem Chaos ergaben, prüfen, in Verbindung mit der Bevölkerung die Last der schweren Schatten, die ihn belasteten, erkennen und abwägen.

Die Durchführung dieses Planes war technisch fast unmöglich. Als Nichtamerikaner – aber als ein Mann mit Einwanderungspapieren – hätte er vielleicht eine Einreiseerlaubnis in das amerikanisch besetzte Gebiet bekommen. Aber ohne Rückreisevisum, das nicht zu bekommen war, wäre die »freie« Entscheidung nicht möglich gewesen. Alle Auskünfte waren gleichlautend.

Im Juli 1947 machte Max Brauer diesem Schwebezustand ein Ende. Er schrieb zuerst an Herbert einen persönlichen Brief: »Komm zurück zu unseren Trümmern, ich brauche Menschen wie Dich mit Welterfahrung und Weitblick« und bald darauf einen offiziellen Brief mit der Berufung nach Hamburg als Senatsyndikus. Der Brief war in Englisch und für die visenerteilenden Behörden verfaßt. Damit waren die Würfel gefallen. Herbert konnte Gesuche um seine Aus- und Wiedereinreisepapiere einreichen. Seine Bitte an Brauer, ihn zunächst erst mal für ein Jahr zu verpflichten, wurde sofort erfüllt, weil Max Brauer ihn ja kannte und seine innere Reserve respektierte.

Die nächsten Monate waren erfüllt von Vorbereitungen für den entscheidenden Tag seiner Abreise. Visenerteilung, Kündigung bei seiner Firma, Übergabe seiner Privatpraxis an den Freund Otto Walter, der sie ein Jahr treuhänderisch verwalten wollte.

Auch mein Betrieb mußte aufgelöst werden wegen

der doch zu großen Risiken eines Kleinbetriebs in der Nachkriegszeit. Ich mußte einen Job suchen, der ein sicheres monatliches Einkommen brachte, um meine und Frankys Existenz während Herberts Abwesenheit zu sichern. Ich fand ihn bei einem Makler in Wallstreet. Alles wurde planmäßig, erfolgreich, aber zeitraubend abgewickelt. Im Winter waren alle Voraussetzungen erfüllt, unsere Existenz in den Staaten gesichert, der Kundenkreis in besten Händen bei Otto Walter. Herberts Rücken und Rückkehr nach den Vereinigten Staaten war gesichert. Er konnte ohne Besorgnis dem Abenteuer, das auf ihn wartete, entgegensehen.

Die Visenerteilung zog sich allerdings noch Monate hin. Erst im April 1948 hatte Herbert die Papiere beisammen. Anfang Mai bestieg er ein Schiff.

Der Abschied am Pier bei strahlendem Frühlingssonnenschein gab der Hoffnung neuen Auftrieb, vielleicht doch einer neuen gestalterischen Aufgabe entgegenzufahren. Die Angst vor unvorstellbaren Trümmerhaufen, die Unklarheit, wie sie geräumt werden konnten, die Zweifel an den Menschen, denen man drüben begegnen würde, waren von den warmen Sonnenstrahlen etwas in den Hintergrund gerückt. Und doch drängten sie sich immer wieder nach vorn. War es nicht eine Illusion, an ein »anderes« Deutschland zu glauben, das zu neuem Leben drängte, oder gab es vielleicht doch nur einige »andere« Deutsche, denen der Zugang zum Handeln wieder verwehrt werden würde?

Als das Schiff ablegte und ich es langsam zum offenen Meer hinausfahren sah, wuchs meine Überzeugung im Rhythmus der Entfernung, daß Herbert nicht mehr zurückkommen würde, daß er jetzt und hier von Amerika Abschied genommen habe und heim nach Europa gefahren sei.

Europa und vor allem Deutschland hatten ihn zwar gedemütigt und verwundet, aber auch die Grundlagen seiner Persönlichkeit gelegt. Seine preußischen Anlagen zu Ordnung, Moral, sozialer Verpflichtung wurden später von Frankreich in ein vertieftes Erlebnis der Welt gebracht. Frankreich erschloß ihm ein neues Verhältnis zur europäischen Geschichte und Kultur, ließ ihn die Vielfalt und Farbigkeit gesellschaftlicher und menschlicher Probleme erleben und entwickelte den Sinn für Differenzierung und Relativierung der Realitäten. Der französische Lebensstil dämpfte schließlich auch seine preußische Strenge und lehrte ihn, anmutige Lebensfreude zu entwickeln und zu genießen. Europa war sein Lehrmeister, die Vereinigten Staaten der Lebensretter, der physische und auch moralische neue Auftrieb zu leben. Das Eintreten der Vereinigten Staaten für Menschenrechte unter schwierigen Umständen und immensen Opfern hatte auch uns Geschlagenen und fast Hoffnungslosen wieder Mut und damit Durchhaltevermögen gegeben, uns die Bescheidenheit gelehrt, die Härten eines Existenzkampfes von ganz unten her zu ertragen und zu bestehen und das Verständnis für eine sozial anders strukturierte Welt, mit oft atemberaubender Vitalität, geweckt. Aber wir begegneten nicht der großen Chance, die uns zum Wurzelschlagen herausforderte und Identifizierungsmöglichkeiten anbot. Mehr oder weniger materiell gesicherte Selbsterhaltung, zu der wir es ja mit viel Mühe gebracht hatten, konnte uns kein befriedigender Lebensinhalt sein.

Wir waren eine von Krieg und Nachkriegswirren des Ersten Weltkriegs gezeichnete Generation, aufgewachsen in Zusammenbrüchen, Chaos, gesellschaftlichen Umschichtungen und Arbeitslosigkeit. Wir waren unter den Zwang gestellt, das Nest, in dem wir leben wollten, selbst aus Trümmern zu bauen, und kamen so zu einer an der Gesellschaft interessierten und der Gesellschaft verpflichteten Lebenshaltung. Von diesen Jugendeindrücken und vielen späteren Einflüssen geprägt zu gesellschaftlichem Gestaltungswillen, war unsere Generation nicht bereit, die Ruhe bürgerlicher Statik, Sicherheit und Selbstzufriedenheit zum Inhalt ihres Lebens zu machen. Sie wurde von den Unruhen und Fragen ihrer Zeit geprägt und mußte mit ihnen leben. Zu einem Zeitpunkt, in dem die Welt abermals vor einer Trümmerräumung stand, mußten wir, von der Dynamik der Zeit und der Größe der Aufgaben gepackt, uns der Herausforderung stellen.

Die Emigration hatte die Rückkehrer für diese Aufgabe ganz besonders gut ausgerüstet. Sie kamen nicht aus der kleinen Welt des begrenzten Lebensraums, der Enge sozialer Prestigefragen, der Verdächtigungen, der Gehässigkeiten und der Verstörung durch Trümmer und Elend. Sie brachten eine breite Weltsicht, mit Erfahrungen einer langjährigen Wanderung durch Fremde und soziale Wurzellosigkeit, einen normalen Lebensrhythmus, der erhöhte Anforderungen an Anpassungsfähigkeit in Krisensituationen gestellt hatte. Das Einsteigen in Ruinen, Verelendung, menschliche Verwirrungen und menschlichen Dreck konnte nicht schrecken vor dem Ziel, das erreicht werden mußte, aus einem Kriegsschauplatz voller Scherben, Leichen und Gestank etwas Neues, in sozialer Verpflichtung Geordnetes zu errichten.

Ich war daher keineswegs überrascht, als Herberts erster Brief aus Deutschland, am Abend seiner Ankunft in Hamburg geschrieben, mit seitenlangen Schilderungen der zerstörten Stadt und der zerstörten Menschen, mit dem lapidaren Satz endete: »Ich habe keinen rationalen Grund, aber ich weiß, daß ich nie wieder nach New York zurückkommen werde.«

Damit begann die Eroberung einer neuen Heimat: Hamburg.